企业控制权保护

股东应该知道的那些事

李海波　王晓月　著

郑州大学出版社

图书在版编目（CIP）数据

企业控制权保护：股东应该知道的那些事／李海波，王晓月著. -- 郑州：郑州大学出版社，2023. 12（2024.6 重印）

ISBN 978-7-5645-9962-1

Ⅰ. ①企… Ⅱ. ①李…②王… Ⅲ. ①企业管理 - 研究 - 中国 Ⅳ. ①F279.23

中国国家版本馆 CIP 数据核字（2023）第 184861 号

企业控制权保护 —— 股东应该知道的那些事
QIYE KONGZHIQUAN BAOHU —— GUDONG YINGGAI ZHIDAO DE NAXIE SHI

策划编辑	李勇军	封面设计	王　微
责任编辑	暴晓楠	版式设计	苏永生
责任校对	秦熹微	责任监制	李瑞卿

出版发行	郑州大学出版社	地　　址	郑州市大学路 40 号（450052）
出 版 人	孙保营	网　　址	http://www.zzup.cn
经　　销	全国新华书店	发行电话	0371-66966070
印　　刷	廊坊市印艺阁数字科技有限公司		
开　　本	710 mm×1 010 mm　1 / 16		
印　　张	12.75	字　　数	176 千字
版　　次	2023 年 12 月第 1 版	印　　次	2024 年 6 月第 2 次印刷

书　　号	ISBN 978-7-5645-9962-1	定　　价	58.00 元

前　言

对于企业家而言,要想保护其在公司中的控制权,就必须掌握好控制权安排的各种方法。控制权安排的方法主要包括股权架构、股东权、公司运营管理、股权激励。企业家只有在这几个领域中提前作出统筹安排,做好顶层的制度设计,才有可能更好地驾驭资本,保护好公司的控制权。

公司控制权争夺的每一个案例都触目惊心,案例背后既有尔虞我诈的人情世故因素,也有股权设置不合理、治理结构落后的深层次原因。每一个原因都值得重视,需要企业家重点关注。企业家对公司控制权的掌控程度,既关乎企业家的成败荣辱,也直接影响到公司的生死存亡。

鉴于此,作为长期致力于股权实战研究的争议解决专业法律团队中的主要成员,经过精心雕琢,我们打造完成《企业控制权保护——股东应该知道的那些事》一书,希望给每位企业家带来帮助。

本书将从企业家的角度出发,按照企业的成长路径来讲述保护控制权的逻辑和方法。基于这种写作思路,本书的主要内容全部围绕着股权架构、股东权、公司运营管理、股权激励四个部分的制度安排,目的就是找到适合中国企业家保护控制权的方式。本书共分四章,具体内容如下。

第一章是公司顶层架构设置。对股权线及比例、股权类别进行了详细解读。这部分内容是企业家保护公司控制权的必备知识，也是掌握公司控制权的基础。

第二章详细介绍了股东的召集权、提案权、通知权、表决权、知情权和优先购买权六项主要权利。股东权是股东保障自身权益的重要内容，充分了解股东权是实现企业家保护公司控制权的重要举措。本章主要通过对股东权利的阐释、某些上市公司典型案例的分析以及司法实践中判例的解读，为企业家全面掌握股东权提供了参考。

第三章讲述的是公司在实际经营管理中如何保护控制权，分别从公司董事会的设置、法定代表人的职权、公司证照以及财务账册等方面进行了说明。

第四章主要写股权激励。股权激励已成为中国企业最关注的公司治理手段，股权激励呈现井喷之势，非上市公司将股权激励当作激励的最终武器，拟上市公司将股权激励当成股改的标配，上市公司将股权激励作为市值管理的一种重要手段。然而，股权激励是一把双刃剑，股权激励实施不当将可能引发公司控制权变动等风险。本章以公司控制权为视角，论述创始股东如何在实施股权激励过程中保护和增强对公司的控制权。

保护公司控制权的方法不限于本著中所提及的方式，且每种方式所能发挥的作用也不尽相同，甚至有些方式因自身存在不足之处或囿于我国相关法律的不完善或企业发展现状等原因而效果有限。企业家应当结合公司性质和发展状况、自身持股情况、法规政策及市场情况等相关因素，扬长避短，择其中对保护公司控制权最有实际效用的一种或多种方式的组合进行适用，并进行不断修正和动态调整。

目　录

第一章
控制权保护之股权架构

第一节　股权线及比例

一、重要股权线

(一)67%——绝对控制线

股东单独或合计持有公司 67% 及以上的股权,将在修改公司章程、增加或者减少注册资本、公司合并、分立、解散或者变更公司形式等重要事项的决策上拥有绝对的话语权。所以我们称这条线为绝对控制线,掌握着公司的绝对控制权。

《中华人民共和国公司法》(以下简称《公司法》)第四十三条规定:"股东会的议事方式和表决程序,除本法有规定的外,由公司章程规定。股东会会议作出修改公司章程、增加或者减少注册资本的决议,以及公司合并、分立、解散或者变更公司形式的决议,必须经代表三分之二以上表决权的股东通过。"

《公司法》第一百零三条规定:"股东出席股东大会会议,所持每一股份有一表决权。但是,公司持有的本公司股份没有表决权。股东大会作出决议,必须经出席会议的股东所持表决权过半数通过。但是,股东大会作出修改公司章程、增加或者减少注册资本的决议,以及公司合并、分立、解散或者变更公司形式的决议,必须经出席会议的股东所持表决权的三分之二以上通过。"

（二）51%——相对控制线

持股在51%以上、67%以下的股东,处于一种相对控股的程度,《公司法》定义其为控股股东,但是其拥有控制的权利并非绝对。此类股东对于"修改公司章程、增加或者减少注册资本、公司合并、分立、解散或者变更公司形式"这七种决议是无法独立决定的,但在这七种情形之外,其他事项一般都是过半数通过即可生效。例如《公司法》七十一条规定:"有限责任公司的股东之间可以相互转让其全部或者部分股权。股东向股东以外的人转让股权,应当经其他股东过半数同意。"第一百零三条规定:"股东大会作出决议,必须经出席会议的股东所持表决权过半数通过。"所以,只要股东单独或合计持有的股份达到51%,就可以在这些事项中拥有控制权。

《公司法》第二百一十六条规定:"本法下列用语的含义:（二）控股股东,是指其出资额占有限责任公司资本总额百分之五十以上或者其持有的股份占股份有限公司股本总额百分之五十以上的股东;出资额或者持有股份的比例虽然不足百分之五十,但依其出资额或者持有的股份所享有的表决权已足以对股东会、股东大会的决议产生重大影响的股东。"

《上市公司收购管理办法》第八十四条规定:"有下列情形之一的,为拥有上市公司控制权:（一）投资者为上市公司持股50%以上的控股股东;……"

（三）34%——消极控制线

持股34%的股东在《公司法》规定的"修改公司章程、增加或者减少注册资本、公司合并、分立、解散或者变更公司形式"这七种需要三分之二通过的决议中拥有一票否决权,只要单独或合计持股34%的股东不同意,这七项决议便无法在股东会通过。故可以起到消极控制公司的作用。

(四)30%——上市公司控制线及要约收购线

30%是在上市公司中常见的一条股权线,一则事关要约收购,二则关乎控制权认定。

当收购人持有一家上市公司的股份达到该公司已发行股份的30%时,收购人应当向被收购公司的所有股东发出收购要约,但是当其符合《上市公司收购管理办法》第六章规定情形的可以向证监会申请豁免。

上市公司的控制线之所以低于非上市公司,关键在于流动性。投资者可以比较容易地买卖股票,这些投资者购买或是出售股票多是为了收益,很少会出席股东大会行使表决权。30%也是在系列控制权中最低的一条比例线。

《上市公司收购管理办法》第二十四条规定:"通过证券交易所的证券交易,收购人持有一个上市公司的股份达到该公司已发行股份的30%时,继续增持股份的,应当采取要约方式进行,发出全面要约或者部分要约。"

《上市公司收购管理办法》第八十四条规定:"有下列情形之一的,为拥有上市公司控制权:……(二)投资者可以实际支配上市公司股份表决权超过30%;……"

(五)10%——临时会议召集线及申请公司解散线

1. 召集临时股东会

股东会/股东大会是股东行使自己权利的重要机构,当股东单独或合计持有公司10%以上的股权,就可以在其认为有必要的时候提议召集股东会/股东大会,以便对其注重的事项进行决议。

《公司法》第三十九条规定:"股东会会议分为定期会议和临时会议。定期会议应当依照公司章程的规定按时召开。代表十分之一以上表决权的股东,三分之一以上的董事,监事会或者不设监事会的公司的监事提议召开临时会议的,应当召开临时会议。"

《公司法》第四十条规定:"有限责任公司不设董事会的,股东会会议由执行董事召集和主持。董事会或者执行董事不能履行或者不履行召集股东会会议职责的,由监事会或者不设监事会的公司的监事召集和主持;监事会或者监事不召集和主持的,代表十分之一以上表决权的股东可以自行召集和主持。"

《公司法》第一百零一条规定:"股东大会会议由董事会召集,董事长主持;董事长不能履行职务或者不履行职务的,由副董事长主持;副董事长不能履行职务或者不履行职务的,由半数以上董事共同推举一名董事主持。董事会不能履行或者不履行召集股东大会会议职责的,监事会应当及时召集和主持;监事会不召集和主持的,连续九十日以上单独或者合计持有公司百分之十以上股份的股东可以自行召集和主持。"

2. 申请公司解散

在公司经营面临僵局、股东会决策失灵、经营管理严重困难,而通过其他途径不能解决的情况下(例如大股东拒绝采取补救措施),小股东们无法通过公司章程解散公司,及时脱身。此时单独或合计持有公司 10% 以上的股东可以向法院申请解散公司,防止自身损失进一步扩大,实现自我救济。

《公司法》第一百八十二条规定:"公司经营管理发生严重困难,继续存续会使股东利益受到重大损失,通过其他途径不能解决的,持有公司全部股东表决权百分之十以上的股东,可以请求人民法院解散公司。"

《最高人民法院关于适用〈中华人民共和国公司法〉若干问题的规定(二)》第一条规定:"单独或者合计持有公司全部股东表决权百分之十以上的股东,以下列事由之一提起解散公司诉讼,并符合公司法第一百八十二条规定的,人民法院应予受理:(一)公司持续两年以上无法召开股东会或者股东大会,公司经营管理发生严重困难的;(二)股东表决时无法达到法定或者公司章程规定的比例,持续两年以上不能作出有效的股东会或者股东大会决议,公司经营管理发生严重困难的;(三)公司董事长期冲突,且无法通过股东会或者股东大会解决,公司经营管理发生严重困难的;(四)经营管理发生其他严重困难,公司继续存续会使股东利益受到重大损失的情形。"

(六)5%——股权变动线

5%是一个比较重要的持股比例,上市公司中持股比例达到5%的股东,当其股份发生变化时,需要履行披露义务,而且行为会受到一定的限制。

《上市公司收购管理办法》第十三条规定:"通过证券交易所的证券交易,投资者及其一致行动人拥有权益的股份达到一个上市公司已发行股份的5%时,应当在该事实发生之日起3日内编制权益变动报告书,向中国证监会、证券交易所提交书面报告,通知该上市公司,并予公告;在上述期限内,不得再行买卖该上市公司的股票,但中国证监会规定的情形除外。前述投资者及其一致行动人拥有权益的股份达到一个上市公司已发行股份的5%后,通过证券交易所的证券交易,其拥有权益的股份占该上市公司已发行股份的比例每增加或者减少5%,应当依照前款规定进行报告和公告。在该事实发生之日起至公告后3日内,不得再行买卖该上市公司的股票,但中国证监会规定的情形除外。"

《上市公司收购管理办法》第十四条规定:"通过协议转让方式,投资者及其一致行动人在一个上市公司中拥有权益的股份拟达到或者超过一个上市公司已发行股份的5%时,应当在该事实发生之日起3日内编制权益变动报告书,向中国证监会、证券交易所提交书面报告,通知该上市公司,并予公告。前述投资者及其一致行动人拥有权益的股份达到一个上市公司已发行股份的5%后,其拥有权益的股份占该上市公司已发行股份的比例每增加或者减少达到或者超过5%的,应当依照前款规定履行报告、公告义务。"

(七)3%——临时提案线

单独或者合计持有公司3%以上股份的股东,有权在股东大会召开前向董事会提出临时提案。

《公司法》第一百零二条第二款规定:"单独或者合计持有公司百分之三以上股份的股东,可以在股东大会召开十日前提出临时提案并书面提交董事会;董事会应当在收到提案后二日内通知其他股东,并将该临时提案提交股东大会审议。临时提案的内容应当属于股东大会职权范围,并有明确议题和具体决议事项。"

(八)1%——股东代表诉讼线

如发生董事、监事、高级管理人员执行公司职务时违反法律、行政法规或者公司章程的规定,给公司造成损失的,或者他人侵犯公司合法权益的情形,有限责任公司的股东、股份有限公司连续一百八十日以上单独或者合计持有公司1%以上股份的股东,在满足一定前置条件后有权以自己的名义直接向人民法院提起诉讼。

《公司法》第一百五十一条规定:"董事、高级管理人员有本法第一百四十九条规定的情形的,有限责任公司的股东、股份有限公司连续一百八十日以上单独或者合计持有公司百分之一以上股份的股东,可以书面请求监事会或者不设监事会的有限责任公司的监事向人民法院提起诉讼;监事有本法第一百四十九条规定的情形的,前述股东可以书面请求董事会或者不设董事会的有限责任公司的执行董事向人民法院提起诉讼。监事会、不设监事会的有限责任公司的监事,或者董事会、执行董事收到前款规定的股东书面请求后拒绝提起诉讼,或者自收到请求之日起三十日内未提起诉讼,或者情况紧急、不立即提起诉讼将会使公司利益受到难以弥补的损害的,前款规定的股东有权为了公司的利益以自己的名义直接向人民法院提起诉讼。他人侵犯公司合法权益,给公司造成损失的,本条第一款规定的股东可以依照前两款的规定向人民法院提起诉讼。"

二、股权分配比例

(一)两位股东的情形

两位股东的股权比例在设计时要有明确的控制权人,大股东持股比例一般建议超过67%。

比较可取的股权结构有70%︰30%、80%︰20%,这种比例有明确的控制人,可以迅速地作出决策。

50%︰50%的股权结构被认为是最差的股权比例,公司发展后期,股东之间相互不服,极易发生控制权的争夺。

65%︰35%的股权结构下,两位股东都拥有一票否决权,易产生博弈,出现争斗。

(二)三位股东的情形

三位股东的股权比例在设计时也是要有明确的控制人,第一大股东的股权建议超过另外两位股东的股权之和。

可采取的股权结构有70%︰20%︰10%、60%︰30%︰10%,这种股权结构有明确的控制权人,可以比较迅速地作出决策,有利于公司发展。

33.333%︰33.333%︰33.333%是最差的均分股权结构,股东之间发生矛盾,容易使公司陷入僵局,进而导致公司解散。

49%︰49%︰2%的股权结构中,当持股49%的股东意见不合时,此时真正作决定的权利就落在了持股2%的股东身上,小股东成为大股东拉拢的对象。

(三)四位股东的情形

四位股东的股权比例在设计时也要有明确的控制人,第一大股东股权大于另外两位大股东股权之和,而小于其他三位股东股权之和。在四位及以上的股东人数情况下,最大股东持股比例可以小于其他股东股权之和,这样可以避免其一意孤行,起到一定的制衡作用。

可采取的股权结构有 70%：15%：10%：5%,有清晰的控制权人,可以有效地作出决策。

51%：19%：16%：14% 的股权结构中,第一大股东有控制权,其他股东有否决权,既可以有效作出决策又可以相互制衡。

不建议采取 25%：25%：25%：25% 的股权结构,均分股权结构下,股东易发生矛盾,公司易陷入僵局。

三、股权分配实例

(一)避免均衡股权

公司在设计股权结构时一定要避免均衡股权的设计,因为均衡股权架构下,当股东有争议或是出现矛盾时,很难去作出有效的决议,股东会容易陷入失灵状态,公司的经营管理也会僵化。

1. 案例一：×××餐饮管理有限公司

×××餐饮管理有限公司(简称 A 公司)的控制权争夺是一场典型的均衡股权架构下的争夺战。

A 公司的开始形态是蒸品店,此时的股权结构是潘某占 50%,蔡某某、潘某 B(潘某的姐姐)夫妇共占 50%。1997 年,为了发展中式快餐连锁,蔡某某与潘某以蒸品店为根基,成立了东莞市×××饮食有限公司(简称 B 公司),开始了连锁经营的快速扩张。2003 年,为了继续做大公司,开始了品牌建设;2004 年某品牌诞生。此时潘某占 B 公司 50% 的股权,蔡某某、潘某 B 夫妇共占 50%。此后公司快速发展,并不断改造,准备上市。

但是 2006 年,蔡某某与潘某 B 离婚,虽然潘某 B 的股权归蔡某某所有,但是感情的纠纷也为后续股东纠纷埋下了隐患。

2007年,B公司引进C公司与D公司进行增资,并且对公司进行重组,成立A公司。此时的股权结构为潘某持股41.738%,蔡某某持股41.738%,B公司持股10.524%,C公司与D公司各持股3%。

同年,蔡某某在企业内部开始了为期一年的"去家族化"改革。他推行标准化管理,并从肯德基、麦当劳等引进一批高管。此举使得A公司早期的创业元老先后离去,进一步削弱了潘某在公司内部的势力。

潘某发现势力被削弱,随即开始极力挽回劣势。于是他跟蔡某某的矛盾也越来越严重。

2008年年初,出于平衡权势的考虑,A公司成立子公司,主营牛肉面,完全由潘某打理,而蔡某某继续负责A公司,二人各司其职,互不干涉。但一年后,潘某要求蔡某某兑现当初承诺的第二笔投资时,蔡某某为了优先确保A公司门店的扩张而拒绝了潘某。

2009年,蔡某某、潘某二人的矛盾开始升级。据悉,蔡某某曾单方面取消了潘某登录公司OA系统的权限,使其无法获得公司日常管理方面的信息。还有,潘某曾在春节之际以股东的身份,向全体员工发出拜年贺信,但被蔡某某强行将贺信删除。

潘某被彻底激怒了,蔡某某成了他绝对的敌人,是他事业上的眼中钉。出于报复,潘某不顾一切地阻止A公司获取已申请到的1亿元抵押贷款。潘某想把这批贷款搅黄,于是向银行表示:股东有矛盾,贷款有风险。

虽然后来A公司还是拿到了贷款,但据说这事把蔡某某气得暴跳如雷,从此潘某、蔡某某二人彻底决裂。

蔡某某与潘某的股权从创业之初就一直处于均衡状态,家族化公司感情好时问题不大,但是一旦出现矛盾,将产生致命的问题。A公司成立后,由于双方控制权的争夺,矛盾不断激化,终于在2009年潘某以要行使股东知情权为由进行诉讼,并以此为开端,最终将蔡某某送进了监狱。

实践中,除了典型代表 A 公司,因为均衡股权解散公司的案例不在少数。

2.案例二:常熟市××实业有限公司

常熟市××实业有限公司(简称 E 公司)系目标公司,成立于 2002 年 1 月,林某某与戴某某系该公司股东,各占 50%的股份,戴某某任公司法定代表人及执行董事,林某某任公司总经理兼公司监事。E 公司章程明确规定:股东会的决议须经代表二分之一以上表决权的股东通过,但对公司增加或减少注册资本、合并、解散、变更公司形式、修改公司章程作出决议时,必须经代表三分之二以上表决权的股东通过。股东会会议由股东按照出资比例行使表决权。2006 年起,林某某与戴某某两人之间的矛盾逐渐显现,公司陷入僵局,最终双方只能诉诸法院。从江苏高院审理查明的事实中,我们可以看到:

首先,E 公司的经营管理已发生严重困难。本案中,E 公司仅有戴某某与林某某两名股东,两人各占 50%的股份,E 公司章程规定"股东会的决议须经代表二分之一以上表决权的股东通过",且各方当事人一致认可该"二分之一以上"不包括本数。因此,只要两名股东的意见存有分歧、互不配合,就无法形成有效表决,显然影响公司的运营。E 公司连续 4 年未召开股东会,无法形成有效股东会决议,也就无法通过股东会决议的方式管理公司,股东会机制已经失灵。执行董事戴某某作为互有矛盾的两名股东之一,其管理公司的行为,已无法贯彻股东会的决议。林某某作为公司监事不能正常行使监事职权,无法发挥监督作用。由于 E 公司的内部机制已无法正常运行、无法对公司的经营作出决策,即使尚未处于亏损状况,也不能改变该公司的经营管理已发生严重困难的事实。根据《公司法》第一百八十三条和《最高人民法院关于适用〈中华人民共和国公司法〉若干问题的规定

（二）》第一条的规定，判断公司的经营管理是否出现严重困难，应当从公司的股东会、董事会或执行董事、监事会或监事的运行现状进行综合分析。"公司经营管理发生严重困难"的侧重点在于公司管理方面存有严重内部障碍，如股东会机制失灵、无法就公司的经营管理进行决策等，不应片面理解为公司资金缺乏、严重亏损等经营性困难。

其次，由于E公司的内部运营机制早已失灵，林某某的股东权、监事权长期处于无法行使的状态，其投资E公司的目的无法实现，利益受到重大损失，且E公司的僵局通过其他途径长期无法解决。《最高人民法院关于适用〈中华人民共和国公司法〉若干问题的规定（二）》第五条明确规定了"当事人不能协商一致使公司存续的，人民法院应当及时判决"。本案中，林某某在提起公司解散诉讼之前，已通过其他途径试图化解与戴某某之间的矛盾，服装城管委会也曾组织双方当事人调解，但双方仍不能达成一致意见。法院也基于慎用司法手段强制解散公司的考虑，积极进行调解，但均未成功。

此外，林某某持有E公司50%的股份，也符合《公司法》关于提起公司解散诉讼的股东须持有公司10%以上股份的条件。

综上所述，E公司已符合《公司法》及《最高人民法院关于适用〈中华人民共和国公司法〉若干问题的规定（二）》所规定的股东提起解散公司之诉的条件。江苏高院从充分保护股东合法权益，合理规范公司治理结构，促进市场经济健康有序发展的角度出发，判决解散E公司。

3. 案例三：××草业有限责任公司

2003年10月，××草业有限责任公司（简称F公司）成立，注册资金1200万元，其中某科学院出资480万元，G公司和H公司各出资360万元。2003年11月，H公司将其360万元出资转让给了贾某某，G公司将其360万元出资转让给了王某某。2005年1月24日，王某某将其360万元出资转让给了郑某某。至此,F公司的股东包括某科学院、郑某某、贾某某。其中某科学院出资480万元,占注册资本的40%,自然人贾某某和郑某某各出资360万元,各占注册资本的30%。贾某某和郑某某为一致行动人。

由于在F公司运营过程中各股东发生了冲突,股东之间、股东与公司及高管之间发生了多次诉讼,无论何种决议某科学院均投反对票。而F公司章程中有如下规定:"第十五条,股东会会议分为定期会议和临时会议,并应当于会议召开十五日以前通知全体股东。定期会议每一年召开一次,临时会议由四分之一以上表决权的股东,三分之一以上董事或者监事提议方可召开。股东出席股东会议也可书面委托他人参加股东会议,行使委托书中载明的权力……第十七条,股东会会议应对所议事项作出决议,决议应由表决权的全体股东表决通过。"因此,只要某科学院投了反对票,F公司就无法作出任何决议。

F公司这种全体股东"一致决"使得公司经营管理困难,不存在实际控制人,从而导致了僵局,F公司自2004年10月以后基本没有再开展经营活动。F公司经营管理出现严重困难,运行失灵,股东会或董事会因对方的拒绝参加而无法有效召集,即使能够举行会议也无法通过任何议案,F公司事务处于瘫痪状态。一个无法作出股东会决议的公司可以有效运行、合法营利。而一个空转的公司,只会给股东利益带来重大损失,故F公司最终通过法院诉讼予以解散。

(二)股权结构分散

股权分散结构中,缺乏具有相对控制力的股东,各股东在股东会中相互制约,一旦大家意见无法达成一致,容易出现争吵局面,公司决策的速度、成本和精力都会大量消耗。同时由于股权的分散,各股东参与公司管理的热情不高,公司的实际经营管理通过职业经理人或管理层完成,公司管理环节缺失股东的有效监督。

以×××股份有限公司(简称I公司)为例。

港股上市公司I公司2019年8月26日发布公告称,公司于8月24日收到泉州中院公告及民事裁定书,裁定驳回I公司管理人关于批准重整计划草案的申请并终止I公司重整程序,宣告I公司破产。I公司为何走到破产?这与其股权比例失调有直接关联。

I公司创立于1991年,创始人为四兄弟林某A、林某B、林某C及林某D。巅峰时期的I公司曾跻身国内第三大品牌商务休闲鞋产品制造商、第六大品牌鞋产品制造商。2013年,I公司在香港H股上市,在上市之前,I公司更是经历了两位数的高速增长,从2011年至2013年,I公司的归属净利润分别同比增长113.79%、27.47%和37.13%。但是上市后的I公司却渐渐跌落神坛,不仅在2017年净利润逐步下滑至亏损,更是在创始人之一林某C去世后,爆出其子女放弃继承权的新闻。创业难,守业更难!总结I公司的成败得失,将对企业的股权设置有很多借鉴意义。

I公司的上市之路颇为曲折,经历了从香港上市到内地A股上市再到香港H股上市的两次转变。早在2010年,I公司就开始谋划上市。2011年8月,I公司总裁表示:"I公司会在香港上市,因为在香港上市契合I公司更加集约化、专业化以及正规化的企业发展目标。"然而,当时以高达35倍市盈率登陆A股市场的某服装类公司动摇了I公司在香港上市的信心,因为同期香港服装类上市企业的估值仅为A股的50%左右。2011年年底,I公司转战A股市场IPO。但自2012年年底浙江某公司登陆中小板之后,A股市场就迟迟没有新的企业能顺利通过上市审核,导致A股IPO出现堰塞湖。开闸无期,企业上市风险大增。2013年5月,I公司撤回申报A股IPO材料;6月,I公司再次掉头走向香港市场,并于2013年12月20日成功登陆香港主板市场。

I公司再次改弦易辙,除了有A股上市通道拥堵的缘故,与证监会对H

股的态度也有关系。2012 年 12 月 20 日,考虑到 A 股 IPO 受阻及境外市场回暖,中国证监会出台新政《关于股份有限公司境外发行股票和上市申报文件及审核程序的监管指引》,降低了境内公司境外上市门槛,取消"456"条款(净资产达到 4 亿元人民币,集资额不少于 5000 万美元,税后利润不少于 6000 万元人民币),简化了境外上市的申报文件和审核程序。同时,证监会对全流通表现出开放态度,允许有意申请赴港上市的 H 股以"要求案例(By Request)"形式申请全流通在港上市挂牌。I 公司也正是在此种背景下,对自己成为 H 股全流通第一股充满了期待。但这种期待却在 2013 年 11 月戛然而止,H 股全流通项目申报暂停,全流通计划搁浅。最终 I 公司以普通 H 股形式登陆香港主板。

I 公司是一家典型的家族企业,创始为兄弟四人,其在香港上市前的股权结构如图 1-1 所示:

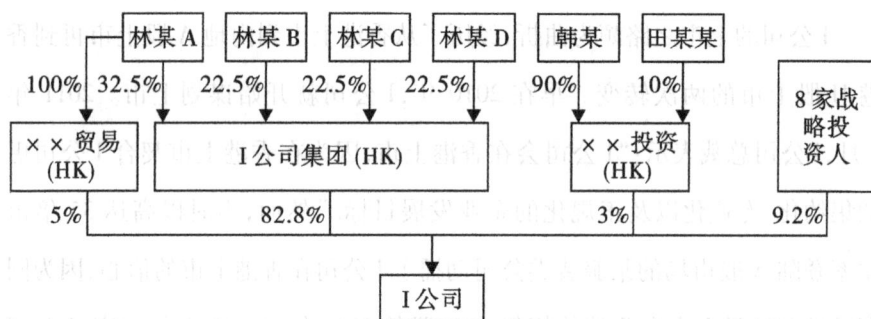

图 1-1　I 公司在香港上市前的股权结构

其在香港 IPO 发行后的股权结构如图 1-2 所示:

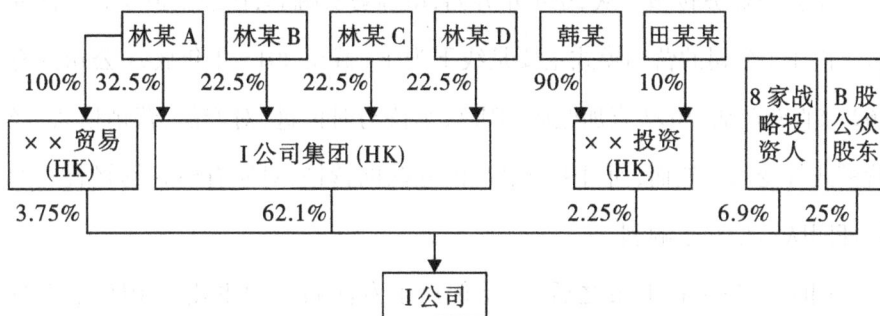

图1-2 I公司在香港上市后的股权结构

从股权架构上，I公司存在如下特点，导致公司治理层面行权不畅。

第一，股权结构分散，四人共同控股模式存在不稳定因素。

根据I公司的公司章程，股东大会是公司最高决策机构，股东大会作出普通决议，应当由出席股东大会的股东所持表决权的二分之一以上通过。股东大会作出特别决议，应当由出席股东大会的股东所持表决权的三分之一以上通过。从股权架构分析，I公司在上市后，单一最高持股股东为I公司集团（持股比为62.1%）。I公司集团共有四名股东，持股比例分别为32.5%、22.5%、22.5%、22.5%。由于任一股东都没有单独的决策权，从而形成了四人共同控股的模式。从I公司的招股说明书，我们看到，在I公司上市时，林某B、林某C及林某D均为非执行董事，仅提供战略性意见，并不参与公司业务营运的日常管理。只有林某A一人作为执行董事兼董事会主席，负责整体策略、规划及业务发展。四名创始人股东多年形成的默契使I公司的治理结构在那时非常平稳。这个阶段也是I公司发展的巅峰时期。在2014年I公司上市后，先是林某D成了执行董事，随后林某B、林某C成了执行董事。三名股东为何由原来的非执行董事成为执行董事，背后的原因我们无法得知。但共同控股人的内部平衡却极易因为以下两个原因被打破：

①公司业务转型。从 2014 年开始,电商势头崛起,传统渠道受到全面冲击。由于 I 公司的营销模式主要是线下为主(截至 2013 年年底,I 公司共有 262 家直营门店、3097 家加盟店门店),亟待与时俱进,对产品、营销模式、经营模式等变革。然而,面对来势汹汹的互联网营销,对原有模式驾轻就熟的管理团队转型并不顺利。

同时,I 公司在上市之后,开始偏离了专注做鞋的主业。2015 年 4 月 22 日,I 公司 2014 年公司债券发行,总额为 8 亿元人民币,票面利率 6.3%,期限为五年。2015 年 10 月,I 公司入股××钱包,股份占比高达80%。××钱包运营主体是深圳××资本投资有限公司,成立于 2013 年 8 月 20 日,注册资本为 5000 万元人民币。资产端涵盖供应链金融、消费金融、汽车金融、资管产品、海外基金等。除了入股××钱包,2015 年年初的时候,I 公司还与深圳××资本投资有限公司达成协议,以千万美金战略投资互联网交易平台 ××社。××社专注于为自然人提供小额借贷。I 公司战略上由聚焦向多元化发展,这势必会引发原有股东共同体的裂痕。如果 I 公司业绩再没有如预期般上升,则会引发人事上的频繁调整,进而更加损害经营。

从财务数据来看,I 公司正是从 2014 年开始增速放缓。当业务增速下降,公司进入发展的瓶颈期,经营和战略均面临着大的调整,原有股权结构上的共同控制会随着经营层面的调整发生微妙的失衡。

②二代接班。I 公司的崛起源自林某 A 战略上的聚焦。1984 年,I 公司集团的前身——××市旅游纪念品厂创立。这个旅游纪念品厂以 4 万元起家,连同既当老板又当工人的 19 个堂兄弟,也不过几十人的劳动力,生产人造革的凉鞋和拖鞋,每双鞋卖几元钱。由于经营、管理制度不灵活,分工也不明确,在磕磕碰碰中坚持了 5 年,多数人对这个厂的前景不看好,纷纷退股。最终持股的只剩下以林某 A 为首的 4 个堂兄弟。1989 年是 I 公司集团发展史上一个重要的分水岭。这一年,旅游纪念品厂进行了重组,四个股东

组成新的董事会,推选林某 A 当厂长,把公司的经营战略转向真皮休闲鞋,并开始注册"I 公司"商标。专心做鞋、做好鞋,让 I 公司荣获了"中国真皮鞋王"的美誉。

创始人股东往往是公司的灵魂,即使其不再下沉至日常运营层面,也会有定海神针的魄力。但是当二代接班时,年轻一代的价值观可能与老一辈截然不同。当股权结构又是共同体时,就会出现新生代在经营上已接班,但未必接班共同体内的决策权,从而导致治理结构的扭曲。

第二,股权均衡设置,最大创始人股东林某 A 单方控制权不足。

在 I 公司股权架构层面,林某 A 仅通过××贸易持有 I 公司 3.75% 的股权,其甚至无法根据《公司法》及公司章程的规定,单方要求召开临时股东大会。因此,林某 A 对于 I 公司的控制和管理,必须通过 I 公司集团实现。但从 I 公司集团的股权结构而言,林某 A 仅持股 32.5%,对于 I 公司集团,并无实际控制权。其他创始人股东均持股 22.5%,存在 5∶5 的股权均衡设置情形。在该等持股比例模式下,I 公司集团的内部治理和对 I 公司的管理,至少需要三方股东达成一致意见,任何一方均无单方决定权,这时的股权控制极易进入僵局。作为 I 公司的核心灵魂人物,林某 A 在 I 公司的持股比例过少,林某 A 的控制权极有可能受到现有股东或者外来股东的挑战,从而导致公司经营的不稳定。后来 I 公司发生过多次人事更迭,甚至爆出内讧,也与此股权结构有极大的关系。

四、值得借鉴的操作模式

某火锅店的股权结构一开始也是最差的均衡股权,但其成功解决了该股权结构的劣势,值得很多企业借鉴。

1994 年,四个要好的年轻人在四川简阳开设了一家只有 4 张桌子的小火锅店,这就是某火锅店的第一家店。现在的某火锅店董事长兼总经理张某没有出一分钱,其他 3 个人凑了 8000 元钱,4 个人各占 25% 的股份。后来,这四个年轻人结成了两对夫妻,两家人各占 50% 股份。

随着企业的发展,没出一分钱的张某认为另外 3 个股东跟不上企业的发展,毫不留情面地先后让他们离开企业,只做股东。张某最早先让自己的太太离开企业,2004 年让施某某的太太也离开企业。

2007 年,在某火锅店步入快速发展的时候,张某让无论从股权投入还是时间和精力付出上都平分秋色、20 多年的朋友施某某也离开企业。张某在让施某某离开的同时,还以原始出资额的价格,从施某某夫妇的手中购买了 18% 的股权,张某夫妇成了某火锅店 68%(超过三分之二)的绝对控股股东。

2007 年,在某火锅店成立 13 年并且快速发展的时候,一方股东却将 18% 的股权,以 13 年前原始出资额的价格,转让给了另一方股东,这简直就是匪夷所思。但是,施某某却如此回答:"不同意能怎么办,一直是他(张某)说了算……后来我想通了,股份虽然少了,赚钱却多了,同时也清闲了。还有他是大股东,对公司就会更操心,公司会发展得更好。"

某火锅店以匪夷所思的方式解决了世上最差股权结构问题。一方面得益于某火锅店从一开始就是张某为主、施某某为辅,形成了张某是核心股东的事实;另一方面也得益于施某某的大度、豁达与忍让。

所以,好的股权结构,可以是 70%:30%、60%:40% 等。但基本的方法,都是大而不独。这些股权的分配比例中,大股东都能和二股东拉开一定的差距,有助于公司决策,避免公司陷入僵局。

第二节　股权类别

一、优先股

优先股(preference shares)是指依照《公司法》,在一般规定的普通种类股份之外,另行规定的其他种类股份。其股份持有人优先于普通股股东分配公司利润和剩余财产,但参与公司决策管理等权利受到限制。

公开发行优先股的发行人限于证监会规定的上市公司,非公开发行优先股的发行人限于上市公司(含注册地在境内的境外上市公司)和非上市公众公司。

在《国务院关于开展优先股试点的指导意见》(国发〔2013〕46 号)中,对优先股股东的权利义务进行了明确,见表1-1。

表1-1　优先股股东的权利义务

条款	权利与义务
优先分配利润	优先股股东按照约定的票面股息率,优先于普通股股东分配公司利润。公司应当以现金的形式向优先股股东支付股息,在完全支付约定的股息之前,不得向普通股股东分配利润。公司应当在公司章程中明确以下事项:①优先股股息率是采用固定股息率还是浮动股息率,并相应明确固定股息率水平或浮动股息率计算方法;②公司在有可分配税后利润的情况下是否必须分配利润;③如果公司因本会计年度可分配利润不足而未向优先股股东足额派发股息,差额部分是否累积到下一会计年度;④优先股股东按照约定的股息率分配股息后,是否有权同普通股股东一起参加剩余利润分配;⑤优先股利润分配涉及的其他事项

续表 1-1

条款	权利与义务
优先分配剩余财产	公司因解散、破产等原因进行清算时,公司财产在按照《公司法》和《破产法》有关规定进行清偿后的剩余财产,应当优先向优先股股东支付未派发的股息和公司章程约定的清算金额,不足以支付的按照优先股股东持股比例分配
优先股转换和回购	公司可以在公司章程中规定优先股转换为普通股、发行人回购优先股的条件、价格和比例。转换选择权或回购选择权可规定由发行人或优先股股东行使。发行人要求回购优先股的,必须完全支付所欠股息,但商业银行发行优先股补充资本的除外。优先股回购后相应减记发行在外的优先股股份总数
表决权限制	除以下情况外,优先股股东不出席股东大会会议,所持股份没有表决权:①修改公司章程中与优先股相关的内容;②一次或累计减少公司注册资本超过百分之十;③公司合并、分立、解散或变更公司形式;④发行优先股;⑤公司章程规定的其他情形。上述事项的决议,除须经出席会议的普通股股东(含表决权恢复的优先股股东)所持表决权的三分之二以上通过之外,还须经出席会议的优先股股东(不含表决权恢复的优先股股东)所持表决权的三分之二以上通过
表决权恢复	公司累计3个会计年度或连续2个会计年度未按约定支付优先股股息的,优先股股东有权出席股东大会,每股优先股股份享有公司章程规定的表决权。对于股息可累积到下一会计年度的优先股,表决权恢复直至公司全额支付所欠股息。对于股息不可累积的优先股,表决权恢复直至公司全额支付当年股息。公司章程可规定优先股表决权恢复的其他情形
与股份种类相关的计算	以下事项计算持股比例时,仅计算普通股和表决权恢复的优先股:①根据《公司法》第一百零一条,请求召开临时股东大会;②根据《公司法》第一百零二条,召集和主持股东大会;③根据《公司法》第一百零三条,提交股东大会临时提案;④根据《公司法》第二百一十七条,认定控股股东

优先股的发行,可以拓宽公司融资渠道,实现资本的多元化,优化公司的资本结构。同时由于表决权的限制性,也可以避免股权被稀释,对于既想融资又不想丢失控制权的股东来说是一个比较不错的选择。

越来越多的公司会选择优先股的发行,但是优先股的发行有利有弊。对于优先股的投资者来说,面临着不能足额派息的风险、表决权受限的风险、回购风险、交易风险、分红减少和权益摊薄风险、税务风险等;对于发行人来说,面临着分红减少的风险、表决权被摊薄的风险、清偿顺序的风险等。

《公开发行证券的公司信息披露内容与格式准则第34号——发行优先股募集说明书》对发行人需要披露的风险因素作了举例说明。根据第十五条的规定,发行人应当遵循重要性原则,披露可能直接或间接对优先股投资者、发行人及原股东、公司生产经营产生重大不利影响的所有因素。发行人应当结合自身的实际情况及优先股的条款设置,充分、准确、具体地揭示相关风险因素,可以量化分析的,应披露具体影响程度。

需要披露的风险包括本次优先股的投资风险、发行人及原股东面临的与本次发行有关的风险、与发行人生产经营有关的风险。

本次优先股的投资风险:股息不可累积,或者不参与剩余利润分配;不能足额派息的风险,发行人应列明可能导致实际股息率低于票面股息率的各种影响因素;表决权限制的风险;市价波动风险和交易风险,因价格波动或交易不活跃而可能受到的不利影响;回购风险,发行人应列明可能导致公司赎回优先股的各种影响因素;强制转换风险,商业银行在触发事件发生时强制将优先股转为普通股的风险;优先股股东的清偿顺序风险;提供信用评级的,评级下降的风险;提供担保的,担保资产或担保人财务状况发生重大不利变化的风险。

发行人及原股东面临的与本次发行有关的风险:分红减少的风险,量化分析本次优先股股息发放对普通股及已发行优先股股息发放的影响;表决权被摊薄的风险,优先股表决权恢复导致的原股东表决权被摊薄的风险,特别是可能发生控制权变更的风险;普通股股东的清偿顺序风险;税务风险;其他风险,如利率风险、流动性风险、与本次优先股相关的公允价值波动风险。

与发行人生产经营有关的风险:行业风险,如可能涉及行业前景、行业经营环境的不利变化,公司行业地位下降的风险;财务风险,应结合公司财务状况具体分析面临的风险因素;管理风险,如内部控制存在的缺陷,因营业规模、营业范围扩大或者业务转型而导致的管理风险;政策风险,如产业政策、行业管理、环境保护、税收制度等发生变化对公司的影响。

二、AB 股

AB 股表现为同股不同权,指表决权上差异的安排,每一特别表决权股份(B 股)拥有的表决权数量大于每一普通股份(A 股)拥有的表决权数量。A 股一般为一股一票,持有者一般为外部投资者;B 股则拥有一股多票,持有者多为公司创始股东。

有限责任公司中,股东一般按照持股比例行使表决权,但是由于有限责任公司人合性的特点,《公司法》是允许意思自治的,在章程中可以自由约定同股下的不同权利,如分红权、表决权等。《公司法》第四十二条规定:“股东会会议由股东按照出资比例行使表决权;但是,公司章程另有规定的除外。”给了有限责任公司意思自治的空间。

但对于股份公司来说,《公司法》明确了每一股份有一表决权,有较强的框架性,《公司法》第一百零三条规定:“股东出席股东大会会议,所持每一股份有一表决权。但是,公司持有的本公司股份没有表决权。”第一百二十六条规定:“股份的发行,实行公平、公正的原则,同种类的每一股份应当具有同等权利。同次发行的同种类股票,每股的发行条件和价格应当相同;任何单位或者个人所认购的股份,每股应当支付相同价额。"但是其规定也留有一定的余地,《公司法》第一百三十一条规定:"国务院可以对公司发行本法规定以外的其他种类的股份,另行作出规定。"这是一兜底条款。

随着国家为了鼓励新兴产业的发展,同股不同权的制度在 2018 年之后逐步迎来了春天。国务院在 2018 年 9 月 18 日发布了《国务院关于推动创新创业高质量发展打造"双创"升级版的意见》(国发〔2018〕32 号),其中第二十六条规定为"拓宽创新创业直接融资渠道":支持发展潜力好但尚未盈利的创新型企业上市或在新三板、区域性股权市场挂牌。推动科技型中小企业和创业投资企业发债融资,稳步扩大创新创业债试点规模,支持符合条件的企业发行"双创"专项债务融资工具。规范发展互联网股权融资,拓宽小微企业和创新创业者的融资渠道。推动完善《公司法》等法律法规和资本市场相关规则,允许科技企业实行"同股不同权"治理结构。从而开启了国内市场同股不同权的闸门。

(一)科创板

上海证券交易所《关于发布〈上海证券交易所科创板股票上市规则(2020 年 12 月修订)〉的通知》(上证发〔2020〕101 号)对于 AB 股作了较为详细的规定,见表1-2。

表1-2 《上海证券交易所科创板股票上市规则(2020 年 12 月修订)》中

关于 AB 股的规定

规定款项	具体内容
设立时间	4.5.2 发行人首次公开发行并上市前设置表决权差异安排的,应当经出席股东大会的股东所持三分之二以上的表决权通过。发行人在首次公开发行并上市前不具有表决权差异安排的,不得在首次公开发行并上市后以任何方式设置此类安排

续表1-2

规定款项	具体内容
持有主体	4.5.3 持有特别表决权股份的股东应当为对上市公司发展或者业务增长等作出重大贡献,并且在公司上市前及上市后持续担任公司董事的人员或者该等人员实际控制的持股主体。持有特别表决权股份的股东在上市公司中拥有权益的股份合计应当达到公司全部已发行有表决权股份10%以上
特别表决权条件限制	4.5.4 上市公司章程应当规定每份特别表决权股份的表决权数量。每份特别表决权股份的表决权数量应当相同,且不得超过每份普通股份的表决权数量的10倍
	4.5.5 除公司章程规定的表决权差异外,普通股份与特别表决权股份具有的其他股东权利应当完全相同
	4.5.6 上市公司股票在本所上市后,除同比例配股、转增股本情形外,不得在境内外发行特别表决权股份,不得提高特别表决权比例。上市公司因股份回购等原因,可能导致特别表决权比例提高的,应当同时采取将相应数量特别表决权股份转换为普通股份等措施,保证特别表决权比例不高于原有水平。本规则所称特别表决权比例,是指全部特别表决权股份的表决权数量占上市公司全部已发行股份表决权数量的比例
	4.5.7 上市公司应当保证普通表决权比例不低于10%;单独或者合计持有公司10%以上已发行有表决权股份的股东有权提议召开临时股东大会;单独或者合计持有公司3%以上已发行有表决权股份的股东有权提出股东大会议案
	本规则所称普通表决权比例,是指全部普通股份的表决权数量占上市公司全部已发行股份表决权数量的比例
	4.5.8 特别表决权股份不得在二级市场进行交易,但可以按照本所有关规定进行转让

续表1-2

规定款项	具体内容
转换规定	4.5.9　出现下列情形之一的,特别表决权股份应当按照1:1的比例转换为普通股份:(一)持有特别表决权股份的股东不再符合本规则第4.5.3条规定的资格和最低持股要求,或者丧失相应履职能力、离任、死亡;(二)实际持有特别表决权股份的股东失去对相关持股主体的实际控制;(三)持有特别表决权股份的股东向他人转让所持有的特别表决权股份,或者将特别表决权股份的表决权委托他人行使;(四)公司的控制权发生变更。发生前款第四项情形的,上市公司已发行的全部特别表决权股份均应当转换为普通股份。发生本条第一款情形的,特别表决权股份自相关情形发生时即转换为普通股份,相关股东应当立即通知上市公司,上市公司应当及时披露具体情形、发生时间、转换为普通股份的特别表决权股份数量、剩余特别表决权股份数量等情况
特别表决权失灵情形	4.5.10　上市公司股东对下列事项行使表决权时,每一特别表决权股份享有的表决权数量应当与每一普通股份的表决权数量相同:(一)对公司章程作出修改;(二)改变特别表决权股份享有的表决权数量;(三)聘请或者解聘独立董事;(四)聘请或者解聘为上市公司定期报告出具审计意见的会计师事务所;(五)公司合并、分立、解散或者变更公司形式。上市公司章程应当规定,股东大会对前款第二项作出决议,应当经过不低于出席会议的股东所持表决权的三分之二以上通过,但根据第4.5.6条、第4.5.9条的规定,将相应数量特别表决权股份转换为普通股份的除外

续表1-2

规定款项	具体内容
信息披露与监管	4.5.1 上市公司具有表决权差异安排的,应当充分、详细披露相关情况特别是风险、公司治理等信息,以及依法落实保护投资者合法权益规定的各项措施
	4.5.11 上市公司具有表决权差异安排的,应当在定期报告中披露该等安排在报告期内的实施和变化情况,以及该等安排下保护投资者合法权益有关措施的实施情况。前款规定事项出现重大变化或者调整的,公司和相关信息披露义务人应当及时予以披露。上市公司应当在股东大会通知中列明持有特别表决权股份的股东、所持特别表决权股份数量及对应的表决权数量、股东大会议案是否涉及第4.5.10条规定事项等情况
	4.5.12 上市公司具有表决权差异安排的,监事会应当在年度报告中,就下列事项出具专项意见:(一)持有特别表决权股份的股东是否持续符合本规则第4.5.3条的要求;(二)特别表决权股份是否出现本规则第4.5.9条规定的情形并及时转换为普通股份;(三)上市公司特别表决权比例是否持续符合本规则的规定;(四)持有特别表决权股份的股东是否存在滥用特别表决权或者其他损害投资者合法权益的情形;(五)公司及持有特别表决权股份的股东遵守本章其他规定的情况
	4.5.13 持有特别表决权股份的股东应当按照所适用的法律法规以及公司章程行使权利,不得滥用特别表决权,不得利用特别表决权损害投资者的合法权益。出现前款情形,损害投资者合法权益的,本所可以要求公司或者持有特别表决权股份的股东予以改正
	4.5.14 上市公司或者持有特别表决权股份的股东应当按照本所及中国结算的有关规定,办理特别表决权股份登记和转换成普通股份登记事宜

（二）新三板

2020 年 4 月 9 日,全国中小企业股份转让系统有限责任公司发布了《全国中小企业股份转让系统有限责任公司关于发布〈全国中小企业股份转让系统挂牌公司治理指引第 3 号——表决权差异安排〉的公告》(股转系统公告〔2020〕270 号),其中规定:"符合本指引有关规定的基础层、创新层挂牌公司可以按照指引规定的程序设置、运行表决权差异安排。"开放了符合一定条件的公司进行表决权差异安排。

（三）创业板

2020 年 6 月 12 日,深圳证券交易所发布《深圳证券交易所关于发布〈深圳证券交易所创业板股票发行上市审核规则〉的通知》(深证上〔2020〕501 号),明确了表决权差异安排的定义。第八十三条规定:"(五)表决权差异安排:指发行人按照《中华人民共和国公司法》第一百三十一条的规定,在一般规定的普通股份之外,发行拥有特别表决权的股份。每一特别表决权的股份拥有的表决权数量大于每一普通股份拥有的表决权数量,其他股东权利与普通股份相同。"

"同股不同权"在国内的兴起,一方面满足了创始人团队掌握公司控制权的需求,公司的发展上市一般需要大规模地引入外部资金,如果各股东持有的都是普通股份,那么创始股东团队面临的将是股权被大量稀释,控制权被削弱甚至完全丧失;但如果采用双重股权结构则可以避免这一情况,将控制权牢牢掌握在创始股东手中。另一方面也可以有效对抗外部的敌意收购,"同股不同权"将表决权基本上都集中在创始股东和内部管理层手里,打击了"野蛮人"入侵的积极性,对敌意收购起到了一定的阻碍作用。但双重股权的设计并非毫无缺陷,投票权高度集中在管理层手里,一旦管理层出现问题,例如创始股东为了追求自身利益,利用高度的控制权作出对公司不利的决策,甚至想方设法挖空公司,此时很多外部股东的权益损害得也会更严重,故应根据公司情况慎重选择。

国内企业在境外上市的采用双重股权架构的企业不乏少数,像某购物平台、某手机品牌等。

2014 年 5 月,某购物平台在美国纳斯达克交易所挂牌上市,首次公开发行了 AB 股,A 股每股只有 1 票的投票权,B 股一股有 20 票投票权。刘某某在某购物平台上市后虽然股权比例只有 20.47%,但是由于其采用的双重股权结构,B 股投票权是 A 股的 20 倍,刘某某持有的股份绝大部分是 B 类股,所以投票权占比为 83.7%,牢牢掌握住了某购物平台的控制权。

2018 年 8 月,某手机品牌在港交所成功上市,其招股说明书披露其采用双重股权结构,A 类股每股拥有 10 票投票权,B 类股每股有 1 票投票权。创始股东 A 持有 31.41%,其中 A 类 20.51%、B 类 10.9%,从而投票权达到57.9%;创始股东 B 持有 13.33% 股份,其中 A 类股 11.46%、B 类股1.87%,投票权为 29.56%。两位创始人的投票权合计达到 82.46%,掌握着该手机品牌的控制权。

第二章
控制权保护之股东权

第一节　股东有权召集股东会

一、股东召集权概述

股东会召集是股东会会议的起点,也是股东会的一项重要程序。程序性规则往往影响到股东会能否保障众多股东的权益,并影响到最终形成的决议是否有效。召集制度是股东出席股东会,进而在股东会上行使其他权利的保障。股东都有出席股东会的权利,而出席股东会是股东行使其他诸多股东权利的前提。召集制度确立了股东出席股东会的通知程序,保证了股东能得到适当的通知,对股东出席股东会的权利提供了合理的保障。

董事会/执行董事召集股东会曾作为一个股东大会的召集原则,我国法律也将董事会/执行董事召集作为第一层召集主体。在董事会/执行董事不能履行或者不履行召集股东会会议职责时,设计了第二层召集主体监事会,由监事会或者不设监事会的公司的监事召集和主持。在监事会或者监事不召集和主持时,设计了第三层召集主体,即代表十分之一以上表决权的股东可以自行召集和主持。

法律之所以赋予少数股东以股东会召集权,主要是由于在现代公司中,公司日常经营权落于董事会/执行董事,股东,特别是中小股东几乎无法涉足经营,而中小股东的权利被侵害的危险却越来越大,如果不赋予其适当的召集股东会的权力,中小股东将几乎失去行使权利的可能,这将会非常不利于公司的发展。所以为了防止大股东和董事不经股东会召集程序就擅自决定关系到少数股东及公司利益的重大事宜,同时也为小股东提供召集和参加股东大会的平等权利,股东的股东会会议召集权必须得到肯定。对此权利的保障,将促进中小股东参与公司的经营管理,也在一定程度上形成对董事会/执行董事经营权力的制约,以充分体现股东会在公司运行中对董事会/执行董事的监督和制约功能。

关于股东召集权,法律相关规定如下。

1. 有限责任公司

《公司法》第三十八条规定:"首次股东会会议由出资最多的股东召集和主持,依照本法规定行使职权。"

《公司法》第三十九条规定:"股东会会议分为定期会议和临时会议。定期会议应当依照公司章程的规定按时召开。代表十分之一以上表决权的股东,三分之一以上的董事,监事会或者不设监事会的公司的监事提议召开临时会议的,应当召开临时会议。"

《公司法》第四十条规定:"有限责任公司设立董事会的,股东会会议由董事会召集,董事长主持;董事长不能履行职务或者不履行职务的,由副董事长主持;副董事长不能履行职务或者不履行职务的,由半数以上董事共同推举一名董事主持。有限责任公司不设董事会的,股东会会议由执行董事召集和主持。董事会或者执行董事不能履行或者不履行召集股东会会议职责的,由监事会或者不设监事会的公司的监事召集和主持;监事会或者监事不召集和主持的,代表十分之一以上表决权的股东可以自行召集和主持。"

2. 股份有限公司

《公司法》第一百条规定:"股东大会应当每年召开一次年会。有下列情形之一的,应当在两个月内召开临时股东大会:(一)董事人数不足本法规定人数或者公司章程所定人数的三分之二时;(二)公司未弥补的亏损达实收股本总额三分之一时;(三)单独或者合计持有公司百分之十以上股份的股东请求时;(四)董事会认为必要时;(五)监事会提议召开时;(六)公司章程规定的其他情形。"

《公司法》第一百零一条规定:"股东大会会议由董事会召集,董事长主持;董事长不能履行职务或者不履行职务的,由副董事长主持;副董事长不能履行职务或者不履行职务的,由半数以上董事共同推举一名董事主持。董事会不能履行或者不履行召集股东大会会议职责的,监事会应当及时召集和主持;监事会不召集和主持的,连续九十日以上单独或者合计持有公司百分之十以上股份的股东可以自行召集和主持。"

《上市公司章程指引》第四十八条规定:"单独或者合计持有公司10%以上股份的股东有权向董事会请求召开临时股东大会,并应当以书面形式向董事会提出。董事会应当根据法律、行政法规和本章程的规定,在收到请求后10日内提出同意或不同意召开临时股东大会的书面反馈意见。董事会同意召开临时股东大会的,应当在作出董事会决议后的5日内发出召开股东大会的通知,通知中对原请求的变更,应当征得相关股东的同意。董事会不同意召开临时股东大会,或者在收到请求后10日内未作出反馈的,单独或者合计持有公司10%以上股份的股东有权向监事会提议召开临时股东大会,并应当以书面形式向监事会提出请求。监事会同意召开临时股东大会的,应在收到请求5日内发出召开股东大会的通知,通知中对原提案的变更,应当征得相关股东的同意。监事会未在规定期限内发出股东大会通知的,视为监事会不召集和主持股东大会,连续 90 日以上单独或者合计持有公司 10% 以上股份的股东可以自行召集和主持。注释:计算本条所称持股比例时,仅计算普通股和表决权恢复的优先股。"

《上市公司章程指引》第四十九条规定:"监事会或股东决定自行召集股东大会的,须书面通知董事会,同时向公司所在地中国证监会派出机构和证券交易所备案。在股东大会决议公告前,召集股东持股比例不得低于 10%。召集股东应在发出股东大会通知及股东大会决议公告时,向公司所在地中国证监会派出机构和证券交易所提交有关证明材料。注释:计算本条所称持股比例时,仅计算普通股和表决权恢复的优先股。"

二、股东召集权在公司章程中的体现

(一)公司章程中召集条款设计建议

召集主体原则上是董事会,董事会不能履行或者不履行召集股东会会议职责时由监事会召集。监事会或者监事不召集和主持的,代表十分之一以上表决权的股东可以自行召集和主持。此条款设计时,建议董事会、监事会对于召集提议的反馈规定明确的期限,以及可以添加股东的催告程序。在董事会、监事会未在前述期限内给予回复时股东可以自行召集,避免因是否属于董事会、监事会不履行职责,股东自行召集的情形是否发生而产生争议。

《公司法》对于召集作了如下规定:"(一)董事人数不足本法规定人数或者公司章程所定人数的三分之二时;(二)公司未弥补的亏损达实收股本总额三分之一时;(三)单独或者合计持有公司百分之十以上股份的股东请求时;(四)董事会认为必要时;(五)监事会提议召开时;(六)公司章程规定的其他情形。"因此,除法定原因外,公司章程可以对召集事由作出特殊规定。

（二）章程召集条款实例

1.××啤酒股份有限公司

《××啤酒股份有限公司章程》（2020 年 7 月修订版）第六十二条规定：
"股东大会分为股东年会和临时股东大会。股东大会由董事会召集。股东年会每年召开一次，并应于上一会计年度完结之后的六个月之内举行。有下列情形之一的，董事会应当在两个月内召开临时股东大会：（一）董事人数不足《公司法》规定的人数或者少于公司章程要求的数额的三分之二时；（二）公司未弥补亏损达股本总额的三分之一时；（三）持有公司发行在外的有表决权的股份百分之十以上（含百分之十）的股东以书面形式要求召开临时股东大会时；（四）董事会认为必要或者监事会提出召开时。"

第六十三条规定："公司召开股东大会的地点为：青岛市。股东大会将设置会场，以现场会议形式召开。公司可以提供网络方式或其他方式为股东参加股东大会提供便利。股东通过上述方式参加股东大会的，视为出席。"

第八十六条规定："监事会或单独或者合并持有公司有表决权股份总数百分之十以上的股东要求召集临时股东大会或类别股东会议，应当按下列程序办理：（一）签署一份或数份同样格式内容的书面要求，提请董事会召集临时股东大会或类别股东会议，并阐明会议的议题。董事会在收到前述书面要求后应尽快召集临时股东大会或类别股东会议。前述持股数按股东提出书面要求日计算；（二）如果董事会在收到前述书面要求后三十日内没有发出召集会议的通告，提出该要求的监事会或者股东可以在董事会收到该要求后四个月内自行召集会议，召集的程序应尽可能与董事会召集股东会议的程序相同。监事会或者股东因董事会未应前述要求举行会议而自行召集并举行会议的，其所发生的合理费用，应当由公司承担，并从公司欠付失职董事的款项中扣除。"

2.××企业股份有限公司

《××企业股份有限公司章程A+H》(2020年6月30日经2019年度股东大会审议通过)第六十四条规定:"股东大会会议由董事会召集,董事会主席主持;董事会主席不能履行职务或者不履行职务的,由董事会副主席主持;如未设立董事会副主席,或董事会副主席不能履行职务或者不履行职务的,由半数以上董事共同推举一名董事主持。"

第六十五条规定:"二分之一以上的独立董事有权向董事会提议召开临时股东大会。对独立董事要求召开临时股东大会的提议,董事会应当根据法律、行政法规和本章程的规定,在收到提议后十日内提出同意或不同意召开临时股东大会的书面反馈意见。董事会同意召开临时股东大会的,将在作出董事会决议后的五日内发出召开股东大会的通知;董事会不同意召开临时股东大会的,将说明理由并公告。"

第六十六条规定:"监事会有权向董事会提议召开临时股东大会,并应当以书面形式向董事会提出。董事会应当根据法律、行政法规和本章程的规定,在收到提案后十日内提出同意或不同意召开临时股东大会的书面反馈意见。董事会同意召开临时股东大会的,将在作出董事会决议后的五日内发出召开股东大会的通知,通知中对原提议的变更,应征得监事会的同意。董事会不同意召开临时股东大会,或者在收到提案后十日内未作出反馈的,视为董事会不能履行或者不履行召集股东大会会议职责,监事会可以自行召集和主持。"

第六十七条规定:"单独或者合计持有公司百分之十以上股份的股东有权向董事会请求召开临时股东大会,并应当以书面形式向董事会提出。董事会应当根据法律、行政法规和本章程的规定,在收到请求后十日内提出同意或不同意召开临时股东大会的书面反馈意见。董事会同意召开临时股东大会的,应当在作出董事会决议后的五日内发出召开股东大会的通知,通知中对原请求的变更,应当征得相关股东的同意。董事会不同意召开临时股东大会,或者在收到请求后十日内未作出反馈的,单独或者合计持有公司百分之十以上股份的股东有权向监事会提议召开临时股东大会,并应当以书面形式向监事会提出请求。监事会同意召开临时股东大会的,应在收到请求五日内发出召开股东大会的通知,通知中对原提案的变更,应当征得相关股东的同意。监事会未在规定期限内发出股东大会通知的,视为监事会不召集和主持股东大会,连续九十日以上单独或者合计持有公司百分之十以上股份的股东可以自行召集和主持。"

第六十八条规定:"监事会或股东决定自行召集股东大会的,须书面通知董事会,同时向公司所在地国务院证券主管机构派出机构和证券交易所备案。在股东大会决议公告前,召集股东持股比例不得低于百分之十。召集股东应在发出股东大会通知及股东大会决议公告时,向公司所在地国务院证券主管机构派出机构和证券交易所提交有关证明材料。"

第六十九条规定:"对于监事会或股东自行召集的股东大会,董事会和董事会秘书应予配合。董事会应当提供股权登记日的股东名册。"

第七十条规定:"监事会或股东自行召集的股东大会,会议所必需的费用由本公司承担。"

3.××集团股份有限公司

《××集团股份有限公司章程》(2020年4月)第四十七条规定:"独立董事有权向董事会提议召开临时股东大会。对独立董事要求召开临时股东大会的提议,董事会应当根据法律、行政法规和本章程的规定,在收到提议后十日内提出同意或不同意召开临时股东大会的书面反馈意见。董事会同意召开临时股东大会的,将在作出董事会决议后的五日内发出召开股东大会的通知;董事会不同意召开临时股东大会的,应说明理由并公告。"

第四十八条规定:"监事会有权向董事会提议召开临时股东大会,并应当以书面形式向董事会提出。董事会应当根据法律、行政法规和本章程的规定，在收到提案后十日内提出同意或不同意召开临时股东大会的书面反馈意见。董事会同意召开临时股东大会的，将在作出董事会决议后的五日内发出召开股东大会的通知，通知中对原提议的变更，应征得监事会的同意。董事会不同意召开临时股东大会，或者在收到提案后十日内未作出反馈的，视为董事会不能履行或者不履行召集股东大会会议职责，监事会可以自行召集和主持。"

第四十九条规定："单独或者合计持有公司百分之十以上股份的股东有权向董事会请求召开临时股东大会，并应当以书面形式向董事会提出。董事会应当根据法律、行政法规和本章程的规定，在收到请求后十日内提出同意或不同意召开临时股东大会的书面反馈意见。董事会同意召开临时股东大会的，应当在作出董事会决议后的五日内发出召开股东大会的通知，通知中对原请求的变更，应当征得相关股东的同意。董事会不同意召开临时股东大会，或者在收到请求后十日内未作出反馈的，单独或者合计持有公司百分之十以上股份的股东有权向监事会提议召开临时股东大会，并应当以书面形式向监事会提出请求。监事会同意召开临时股东大会的，应在收到请求五日内发出召开股东大会的通知，通知中对原提案的变更，应当征得相关股东的同意。监事会未在规定期限内发出股东大会通知的，视为监事会不召集和主持股东大会，连续九十日以上单独或者合计持有公司百分之十以上股份的股东可以自行召集和主持。"

第五十条规定："监事会或股东决定自行召集股东大会的，须书面通知董事会，同时向公司所在地中国证监会派出机构和证券交易所备案。在股东大会决议公告前，召集股东持股比例不得低于百分之十。召集股东应在发出股东大会通知及股东大会决议公告时，向公司所在地中国证监会派出机构和证券交易所提交有关证明材料。"

第五十一条规定:"对于监事会或股东自行召集的股东大会,董事会和董事会秘书将予配合。董事会应当提供股权登记日的股东名册。"

第五十二条规定:"监事会或股东自行召集的股东大会,会议所必需的费用由本公司承担。"

三、股东召集股东会议相关司法规则

规则一,在向董事会、监事会提议召开临时股东会后,董事会、监事会未予同意召开股东会,或未予回复召开股东会的提议,代表十分之一以上表决权的股东可以自行召集和主持。

以上海市第一中级人民法院 2016 年的一个案件为例:

上海市第一中级人民法院查明:本案的争议焦点在于涉案临时股东会决议是否应当予以撤销,对此,应审查涉案临时股东会在会议召集程序和表决方式方面是否违反公司法及其他法律、行政法规,或者决议在内容或者程序上是否有违反公司章程的瑕疵。

关于临时股东会的召集程序,A 公司的公司章程载明,代表十分之一以上表决权的股东提议召开临时股东会议的,应当召开临时股东会议;股东会会议由董事会召集,董事长主持;董事会不能履行或者不履行召集股东会会议职责的,由监事会召集和主持;监事会不召集和主持的,代表十分之一以上表决权的股东可以自行召集和主持。

本案中,涉案临时股东会由第三人 C 集团提议召开,C 集团的表决权超过十分之一,符合公司章程关于提议召开临时股东会议的规定。

C 集团提交的一系列证据显示,C 集团向 A 公司的董事会、董

事长及监事会提议召开临时股东会后,A 公司的董事长以董事会成员身份存在争议等为由未予同意召开临时股东会,A 公司的监事会未予回复 C 集团关于召开临时股东会的提议。

因此,C 集团作为代表十分之一以上表决权的股东,在上述情况下自行召集和主持临时股东会,符合 A 公司章程的相关规定,也符合《公司法》的相关规定。

关于临时股东会的表决方式,B 肥皂厂主张 C 集团和马某出资不到位,应当对 C 集团和马某的表决权予以限制;A 公司主张马某违法出资,应当对马某的表决权予以限制。

B 肥皂厂、A 公司对上述主张未提供充分依据予以证实,且人民法院的生效判决已明确 C 集团和马某具有股东资格,故原审法院对 B 肥皂厂、A 公司的上述主张不予采信。

C 集团和马某代表的股东表决权超过公司全体股东的三分之二,涉案临时股东会决议经 C 集团和马某表决同意通过,符合 A 公司章程的相关规定,也符合《公司法》的相关规定。

综上,涉案临时股东会的召集程序和表决方式均符合公司章程及《公司法》的相关规定,原审法院对 B 肥皂厂要求撤销涉案临时股东会决议的诉讼请求不予支持。

上海市第一中级人民法院认为:一、C 集团作为 A 公司的股东,为召开股东会,履行了合法的提议、召集程序,并实际召开了股东会,A 公司的股东均参加了股东会。

B 肥皂厂和 A 公司对 C 集团召集程序提出疑问的主张,均不能成立,具体理由原审判决已经作了详细阐述,本院予以赞同,在此不再赘述。

二、本案现有证据没有否定马某的股东权利,故马某作为 A 公司的股东享有表决权,系争股东会决议的表决程序并无瑕疵。

综上,B 肥皂厂和 A 公司的上诉请求无事实和法律依据,本院不予支持。原审所作判决并无不当,本院予以维持。

规则二,股东召集股东会议,前提要证明董事会、监事会不能履行或者不履行召集股东会会议职责,在公司董事会、监事会并未表示不履行其职责的情况下,股东直接发出召开股东会议的通知,异议后未纠正,股东会决议可撤销。

以北京市第三中级人民法院 2020 年的一个案件为例:

北京市第三中级人民法院认为:本案的争议焦点为 2019 年 8 月 15 日作出的股东会决议的效力问题。根据查明的事实,时任公司监事的黄某在执行董事于某未表示不履行职责的情况下,直接向于某发送召开临时股东会的通知,违反了《中华人民共和国公司法》第四十条及 A 公司章程中关于股东会召集程序的规定,且在于某明确复函对会议召集程序提出异议后仍未进行纠正。黄某虽主张其曾口头要求于某召开临时股东会,但并未提交证据予以证明,本院不予采纳。

《最高人民法院关于适用〈中华人民共和国公司法〉若干问题的规定(四)》第四条规定:股东请求撤销股东会或者股东大会、董事会决议,符合《公司法》第二十二条第二款规定的,人民法院应当予以支持,但会议召集程序或者表决方式仅有轻微瑕疵,且对决议未产生实质影响的,人民法院不予支持。A 公司据此主张,于某已经参与了股东会并参与了表决,此次股东会的召集程序仅有轻微瑕疵且对决议未产生实质影响,不应予以撤销。对此,本院认为,首先,于某在该次股东会召开之前已经明确对召集程序提出了异议,且其在表决时对股东会决议持反对态度,故于某参与该次股东会的行为不能视为其对股东会的召集程序没有异议;其次,2019 年 8 月 15 日股东会召开时,A 公司股东仅有黄某、于某二人,而黄某占股 70%,在黄某、于某二人对表决事项意见不一致的情况下,黄某的意见对表决结果起到决定性作用。综上,该次股东会决定不属于"会议召集程序或者表决方式仅有轻微瑕疵,且对决议未产生实质影响"的情形,对于 A 公司的该项主张,本院不予采纳。综上,2019 年 8 月 15 日的股东会的召集程序违反法律及公司章程规定,于某以股东会召集程序不合法为由要求撤销该会议决议中的"同意公司免去于某的执行董事职务、同意公司免去黄某的监事职务、同意选举黄某为执行董事",具有事实和法律依据,一审法院予以支持并无不当。鉴于黄某不具备执行董事身份,故其签署的执行董事决定应予撤销,一审法院支持于某要求撤销 A 公司 2019 年 8 月 15 日执行董事决定的诉讼请求正确,本院予以确认。

再以北京市第三中级人民法院 2019 年的一个案例为例:

一审法院北京市朝阳区人民法院认为本案争议焦点在于:A 公司 2018 年 8 月 27 日作出《A 公司临时股东会会议决议》的召集程序、表决方式是否违反法律、行政法规或者公司章程的规定。一、A 公司临时股东会会议的召集程序是否违反法律、行政法规或者公司章程的规定。《中华人民共和国公司法》第三十九条规定,股东会会议分为定期会议和临时会议。定期会议应当依照公司章程的规定按时召开。代表十分之一以上表决权的股东,三分之一以上的董事,监事会或者不设监事会的公司的监事提议召开临时会议的,应当召开临时会议。第四十条规定,有限责任公司设立董事会的,股东会会议由董事会召集,董事长主持;董事长不能履行职务或者不履行职务的,由副董事长主持;副董事长不能履行职务或者不履行职务的,由半数以上董事共同推举一名董事主持。有限责任公司不设董事会的,股东会会议由执行董事召集和主持。董事会或者执行董事不能履行或者不履行召集股东会会议职责的,由监事会或者不设监事会的公司的监事召集和主持;监事会或者监事不召集和主持的,代表十分之一以上表决权的股东可以自行召集和主持。本案中,B 投资公司于 2018 年 8 月 9 日作出《关于召开 A 公司临时股东会会议通知》,并将该通知寄送给陈某,该通知载明了召开临时股东会的时间、地点及内容。但根据《公司法》的规定,股东会应由董事会召集和主持,且 A 投资公司设立董事会,董事长为蔡某忠,副董事长为郑某,董事为陈某、杨某、翟某,监事为蔡某。故涉案股东会决议应当由董事会召集,董事会不能履行职责的由监事会或不设监事会的监事召集,A 公司未举证证明本次股东会由 A 公司董事会召集,未证明董事会不能履行或者不履行召集股东会会议职责,亦未举证证明 A 公司监事不召集和主持,而直接由股东 B 投资公司召集,因此,A 公司 2018 年 8 月 9 日临时股东会会议的召集程序违反法律规定。

二审法院北京市第三中级人民法院认为:关于案涉公司临时股东会会议召集程序、表决程序是否违反法律或公司章程,一审法院进行了详细论述,并认定 A 公司于 2018 年 8 月 27 日形成的《A 公司临时股东会会议决议》因违反召集程序、表决方式而撤销,具有事实和法律依据,本院予以维持。

第二节　股东有权进行提案

一、股东提案权概述

管理权与所有权相分离是公司管理模式的显著特征,虽然股东大会是公司的最高权力机构,但是股东并不直接参与公司的治理,而是由董事会来对公司进行管理。由于存在信息不对称以及利益不一致性,此时中小股东的权益极易受到侵害,所以股东提案权在一定程度上保障了中小股东参与公司经营事务管理的权利。

股东提案权是指符合条件的股东依照法定程序提出提案作为股东大会会议审议事项的权利。股东提案权属于共益权,其与表决权密切相关,即股东为维护包括自己利益在内的公司利益和全体股东利益而行使的权利。其目的主要是加强对股东利益的保护,赋予中小股东参与公司事务的权利,可以在一定程度上避免董事会专权,实现公司权力的分享和制衡。[1]

关于提案权,法律相关规定如下:

《公司法》第一百零二条第二款规定:"单独或者合计持有公司百分之三以上股份的股东,可以在股东大会召开十日前提出临时提案并书面提交董事会;董事会应当在收到提案后二日内通知其他股东,并将该临时提案提交股东大会审议。临时提案的内容应当属于股东大会职权范围,并有明确议题和具体决议事项。"

---

[1]　梁上上、加藤贵仁、朱大明:《中日股东提案权的剖析与借鉴——一种精细化比较的尝试》,《清华法学》2019 年第 2 期。

　　《上市公司股东大会规则》第十三条规定："提案的内容应当属于股东大会职权范围,有明确议题和具体决议事项,并且符合法律、行政法规和公司章程的有关规定。"第十四条规定："单独或者合计持有公司3%以上股份的普通股股东(含表决权恢复的优先股股东),可以在股东大会召开10日前提出临时提案并书面提交召集人。召集人应当在收到提案后2日内发出股东大会补充通知,公告临时提案的内容。除前款规定外,召集人在发出股东大会通知后,不得修改股东大会通知中已列明的提案或增加新的提案。股东大会通知中未列明或不符合本规则第十三条规定的提案,股东大会不得进行表决并作出决议。"

　　《全国股转公司关于发布〈全国中小企业股份转让系统挂牌公司治理规则〉的公告》(股转系统公告〔2020〕3号)第十一条规定："股东大会提案的内容应当符合法律法规和公司章程的有关规定,属于股东大会职权范围,有明确议题和具体决议事项。"第十三条规定："单独或者合计持有公司3%以上股份的股东可以在股东大会召开10日前提出临时提案并书面提交召集人;召集人应当在收到提案后2日内发出股东大会补充通知,并将该临时提案提交股东大会审议。除前款规定外,在发出股东大会通知后,召集人不得修改或者增加新的提案。股东大会不得对股东大会通知中未列明或者不符合法律法规和公司章程规定的提案进行表决并作出决议。股东大会通知和补充通知中应当充分、完整地披露提案的具体内容,以及为使股东对拟讨论事项作出合理判断所需的全部资料或解释。"第十四条规定："股东大会通知发出后,无正当理由不得延期或者取消,股东大会通知中列明的提案不得取消。确需延期或者取消的,公司应当在股东大会原定召开日前至少2个交易日公告,并详细说明原因。"

二、股东提案审查

股东虽有提案权,但并非其所有的提案都会进入股东会决议,根据《上市公司股东大会规则》第十三条,提案的内容应当属于股东大会职权范围,有明确议题和具体决议事项,并且符合法律、行政法规和公司章程的有关规定。可知股东的提案并非一定会通过,需要符合一定的条件,此时就需要对提案进行审查。目前中国法律并无对明确赋予董事会提案审查权,但是《公司法》规定董事会应当在收到提案后二日内通知其他股东,并将该临时提案提交股东大会审议。董事会作为提案的接收者,承担着将提案提交股东会的责任,如果不对股东提案进行审查,无法知道该提案是否符合条件。同时在实践中各公司一般也是由董事会进行提案的审查。董事会进行提案审查会给出同意或者不同意将提案提交股东大会审议的反馈。

1.同意将提案提交股东大会审议

以陕西×××高科技股份有限公司为例。《陕西×××高科技股份有限公司关于 2020 年第二次临时股东大会增加临时提案的公告》中"临时提案的具体内容"为:"根据本公司公司章程的相关规定,单独或者合并持有本公司有表决权股份总数的百分之三以上股份的股东,有权在股东大会召开十日前提出临时提案并书面提交董事会。持有本公司有表决权股份总数 28.78% 的股东西安××科技工业有限公司于 2020 年 12 月 18 日提出《关于向陕西×××高科技股份有限公司 2020 年第二次临时股东大会提交临时提案的函》,提议将《关于变更公司营业范围并修订公司章程的议案(草案)》作为临时提案提交公司 2020 年第二次临时股东大会审议。根据中国证券监督管理委员会《上市公司股东大会规则》等有关法律法规和公司章程、《公司股东大会议事规则》的相关规定,西安××科技工业有限公司提出的增加股东大会临时提案的程序符合本公司章程的规定,提案内容属于股东大会职权范围,故公司董事会同意将上述提案列入 2020 年第二次临时股东大会议程并提交股东大会审议。"

2. 不同意将提案提交股东大会审议

提案不通过的原因主要有:提案不符合关于股东提案的基本要求,包括未以书面形式提交、未记明应予审议事项、逾期提交提案等;提案内容违反法律、法规或公司章程的规定;提案的材料不符合《公司法》及相关规则的要求;提案事项不属于股东大会审议范围等。

以成都市××工程股份有限公司为例。《××律师(深圳)事务所关于成都市××工程股份有限公司董事会未将股东临时提案提交股东大会审议事项的法律意见书》(部分)如下:

> 二、董事会对股东提案进行审查不仅是权利也是义务。根据《公司法》第一百零二条第二款的规定:"单独或者合计持有公司百分之三以上股份的股东,可以在股东大会召开十日前提出临时提案并书面提交董事会;董事会应当在收到提案后二日内通知其他股东,并将该临时提案提交股东大会审议。临时提案的内容应当属于股东大会职权范围,并有明确议题和具体决议事项。"上述条款对于股东提交临时提案的程序、内容均作出了明确规定,并非股东提交的任何临时提案均应该最终提交股东大会审议,因此,股东大会的召集人应当有权对股东临时提案的合法合规性进行审查。

> 股东大会作为公司最高权力机构,其各项决议程序应当以公司利益最大化为导向,从提高股东大会决议效率的合理性角度而言,股东大会无须也不可能保障全体股东充分表达自身各种观点的自由,仅能保障符合公司利益,有关公司事宜的提案的提出。董事会作为股东大会的召集人,负有审查股东临时提案形式及内容

的合法性,甄别相关信息的真实与准确性,以使股东大会的议事程序符合公司利益最大化的义务。

三、董事会对股东李某提交的临时提案的审查意见。根据公司于 2016 年 3 月 2 日晚间公告的《董事会关于选举第五届董事会非独立董事、独立董事的意见》《关于收到股东临时提案的提示性公告》及公司说明,公司董事会就该临时提案的提案人资格、提交时间、提案的内容和形式等方面进行了审核,对于股东李某本次提交的临时提案的审查意见要点如下:(一)该临时提案提交时间不符合公司章程的规定。根据公司章程的规定,股东提名董事、监事候选人的临时提案,最迟应在股东大会召开 10 日以前,以书面提案的形式向召集人提出并应同时提交有关董事、监事候选人的详细资料。公司 2016 年第一次临时股东大会将于 2016 年 3 月 11 日召开,2016 年 2 月 29 日为股东提交临时提案的最后期限。股东李某向公司董事会提交临时提案的时间为 2016 年 3 月 1 日,不符合《公司章程》关于股东提交临时提案的时限规定。(二)该临时提案内容不符合公司章程的规定。根据公司章程第一百二十条规定:"董事会由 9 名董事组成,其中独立董事 3 名。"股东李某本次提交的临时提案提议董事会进行换届选举,但仅推荐 6 名董事候选人,未推荐独立董事候选人。如按该临时提案进行换届选举,则董事会组成将不符合公司章程的规定。(三)股东李某未提交临时提案所推荐的董事候选人任职条件的相关材料。根据公司章程第九十四条规定:"公司董事为自然人,有下列情形之一的,不能担任公司的董事:(一)无民事行为能力或者限制民事行为能力;(二)因贪污、贿赂、侵占财产、挪用财产或者破坏社会主义市场经济秩序,被判处刑罚,执行期满未逾 5 年,或者因犯罪被剥夺政治权利,执行期满未逾 5 年;(三)担任破产清算的公司、企业的董事或者厂长、经理,对该公司、企业的破产负有个人责任的,自该公司、企业破产清算完结之日起未逾 3 年;(四)担任因违法被吊销营业执照、责令关闭的公司、企业的法定代表人,并负有个人责任的,自该公司、企业被吊销营业执照之日起未逾 3 年;(五)个人所负数额较大的债务到期未清偿;(六)被中国证监会处以证券市场禁入处罚,期限未满的;(七)被证券交易所公开认定不适合担任上市公司董事;(八)最近三年内受到证券交易所公开谴责;(九)因涉嫌犯罪被司法机关立案侦查或者涉嫌违法违规被中国证监会立案调查,尚未有明确结论意见;(十)法律、行政法规或部门规章规定的其他内容。违反本条规定选举、委派董事的,该选举、委派或者聘任无效。董事在任职期间出现本条情形的,公司解除其职务。"股东李某并未提供其所推荐的董事符合上述条件的相关材料,导致公司董事会无法对其推荐的董事候选人是否符合公司董事任职条件进行审核。

三、股东提案的相关司法规则

规则一,持股在 3% 及以上的股东根据《公司法》规定享有提案权,此系法律赋予股东的权利,依法应当予以尊重。

以上海市第二中级人民法院 2016 年的一个案例为例:

上海市第二中级人民法院认为:关于上海某实业有限公司提案的问题。根据公司章程第八十三条的规定,董事候选人名单需以提案的方式提请股东大会表决。上海某实业有限公司作为 A 公司的股东,所持股份比例为 8.97%。根据《公司法》的规定,上海某实业有限公司有权提出临时提案并书面提交董事会,此系法律赋予股东的权利,依法应当予以尊重。

规则二,股东提案如无明确证据表明必须列入当次股东会会议审议,则公司未将该提议案列入股东会的审议范围并不侵犯股东的提案权。

以北京市第三中级人民法院 2014 年的一个案件为例:

> 北京市第三中级人民法院认为:A 公司认为股东会未将其所提议案列入股东会的审议范围,侵犯了 A 公司的提案权。对此本院认为,B 公司认可收到 A 公司的议案并于会议当天告知其议案不属于此次股东会审议范围,其可通过自行召集股东会的方式另行召集,该做法并无不妥。A 公司明确表示对 B 公司确定的此次股东会审议议案没有异议,现亦无证据表明其所提的议案必须列入此次股东会会议审议。故 B 公司召集的该次股东会程序合法,未剥夺 A 公司提案权。

第三节　股东有权获得股东会议通知

一、股东会议通知概述

股东会通知程序的设定主要是为了使股东能够出席股东会,同时能够准确了解股东会的议题内容,并有适当的时间对会议进行准备,以便在会议上行使其权利、按自己意愿发表意见,确保决议的合法合理性。

桂林市中级人民法院在 2020 年的一个案件中关于"通知"如此表述:

首先,《现代汉语词典》解释为:"把事项告诉人知道。"据此,通知的本身含义不仅包括将某事项告诉人,而且还包括让人知道某事项,即通知必须达到让人知晓的程度。因此,根据文义解释原则,《公司法》第四十二条规定的通知,既要将召开股东会会议予以"告",又要让全体股东"知"。其次,股东大会是公司的最高权力机构和最高决策机构。公司的重大决策和一切重要人事任免,必须经股东大会通过。因此,股东大会作为股东参与公司重大决策的一种组织形式和股东履行自己的责任、行使自己权利的机构与场所,与股东切身利益关系重大。为有效保护股东的知情权、表达权,维护股东的切身利益,公司通知股东参加股东会的通知,也必须是能够到达股东、能够为股东所知晓的实质意义通知,而不能为仅走"通知"形式的程序性通知。

在实践中,为争夺公司控制权,违反股东会召集通知或公告的期限就常常成为股东、董事等达到非法目的的手段。是否有充足的准备工作于股东而言,影响重大。若未提前法定期间通知,将影响股东权利的维护,程序的公正性更无法谈及。但对于通知期限或公告期限瑕疵的情形,主要看该瑕疵是否足以影响到决议的实质效力,如果通知期限不符合法律规定,但公司的全体股东均按时参加会议并作出表决的情形中,那么此瑕疵就未必会造成股东会决议的撤销或无效。

关于股东会议通知,法律相关规定如下:

《公司法》第二十二条规定:"公司股东会或者股东大会、董事会的决议内容违反法律、行政法规的无效。股东会或者股东大会、董事会的会议召集程序、表决方式违反法律、行政法规或者公司章程,或者决议内容违反公司章程的,股东可以自决议作出之日起六十日内,请求人民法院撤销。"

《公司法》第四十一条规定:"召开股东会会议,应当于会议召开十五日前通知全体股东;但是,公司章程另有规定或者全体股东另有约定的除外。股东会应当对所议事项的决定作成会议记录,出席会议的股东应当在会议记录上签名。"

《公司法》第一百零二条规定:"召开股东大会会议,应当将会议召开的时间、地点和审议的事项于会议召开二十日前通知各股东;临时股东大会应当于会议召开十五日前通知各股东;发行无记名股票的,应当于会议召开三十日前公告会议召开的时间、地点和审议事项。单独或者合计持有公司百分之三以上股份的股东,可以在股东大会召开十日前提出临时提案并书面提交董事会;董事会应当在收到提案后二日内通知其他股东,并将该临时提案提交股东大会审议。临时提案的内容应当属于股东大会职权范围,并有明确议题和具体决议事项。股东大会不得对前两款通知中未列明的事项作出决议。无记名股票持有人出席股东大会会议的,应当于会议召开五日前至股东大会闭会时将股票交存于公司。"

《上市公司章程指引》第五十二条规定:"提案的内容应当属于股东大会职权范围,有明确议题和具体决议事项,并且符合法律、行政法规和本章程的有关规定。"

《上市公司章程指引》第五十三条规定:"公司召开股东大会,董事会、监事会以及单独或者合并持有公司3%以上股份的股东,有权向公司提出提案。单独或者合计持有公司3%以上股份的股东,可以在股东大会召开10日前提出临时提案并书面提交召集人。召集人应当在收到提案后2日内发出股东大会补充通知,公告临时提案的内容。除前款规定的情形外,召集人在发出股东大会通知公告后,不得修改股东大会通知中已列明的提案或增加新的提案。股东大会通知中未列明或不符合本章程第五十二条规定的提案,股东大会不得进行表决并作出决议。注释:计算本条所称持股比例时,仅计算普通股和表决权恢复的优先股。"

《上市公司章程指引》第五十四条规定:"召集人将在年度股东大会召开20日前以公告方式通知各股东,临时股东大会将于会议召开15日前以公告方式通知各股东。注释:公司在计算起始期限时,不应当包括会议召开当日。公司可以根据实际情况,决定是否在章程中规定催告程序。"

《上市公司章程指引》第五十五条规定:"股东大会的通知包括以下内容:(一)会议的时间、地点和会议期限;(二)提交会议审议的事项和提案;(三)以明显的文字说明:全体普通股股东(含表决权恢复的优先股股东)均有权出席股东大会,并可以书面委托代理人出席会议和参加表决,该股东代理人不必是公司的股东;(四)有权出席股东大会股东的股权登记日;(五)会务常设联系人姓名,电话号码。注释:1.股东大会通知和补充通知中应当充分、完整披露所有提案的全部具体内容。拟讨论的事项需要独立董事发表意见的,发布股东大会通知或补充通知时将同时披露独立董事的意见及理由。2.股东大会采用网络或其他方式的,应当在股东大会通知中明确载明网络或其他方式的表决时间及表决程序。股东大会网络或其他方式投票的开始时间,不得早于现场股东大会召开前一日下午3:00,并不得迟于现场股东大会召开当日上午9:30,其结束时间不得早于现场股东大会结束当日下午3:00。3.股权登记日与会议日期之间的间隔应当不多于7个工作日。股权登记日一旦确认,不得变更。"

《上市公司章程指引》第五十六条规定:"股东大会拟讨论董事、监事选举事项的,股东大会通知中将充分披露董事、监事候选人的详细资料,至少包括以下内容:(一)教育背景、工作经历、兼职等个人情况;(二)与本公司或本公司的控股股东及实际控制人是否存在关联关系;(三)披露持有本公司股份数量;(四)是否受过中国证监会及其他有关部门的处罚和证券交易所惩戒。除采取累积投票制选举董事、监事外,每位董事、监事候选人应当以单项提案提出。"

《上市公司章程指引》第五十七条规定:"发出股东大会通知后,无正当理由,股东大会不应延期或取消,股东大会通知中列明的提案不应取消。一旦出现延期或取消的情形,召集人应当在原定召开日前至少 2 个工作日公告并说明原因。"

《最高人民法院关于适用〈中华人民共和国公司法〉若干问题的规定(四)》第四条规定:"股东请求撤销股东会或者股东大会、董事会决议,符合《公司法》第二十二条第二款规定的,人民法院应当予以支持,但会议召集程序或者表决方式仅有轻微瑕疵,且对决议未产生实质影响的,人民法院不予支持。"第五条规定:"股东会或者股东大会、董事会决议存在下列情形之一,当事人主张决议不成立的,人民法院应当予以支持:(一)公司未召开会议的,但依据《公司法》第三十七条第二款或者公司章程规定可以不召开股东会或者股东大会而直接作出决定,并由全体股东在决定文件上签名、盖章的除外;(二)会议未对决议事项进行表决的;(三)出席会议的人数或者股东所持表决权不符合《公司法》或者公司章程规定的;(四)会议的表决结果未达到《公司法》或者公司章程规定的通过比例的;(五)导致决议不成立的其他情形。"

二、股东会通知条款在公司章程中的体现

(一)公司章程条款设计建议

股东会会议通知的一般性内容包括:会议的时间、地点和期限,提交会议审议的事项和提案,有权出席股东大会股东(全体),有权出席股东大会股东的股权登记日,委托代理人出席会议和参加表决的有关事项,会务常设联系人姓名,电话号码。会议采用网络或其他方式投票的,应当在通知中明确

载明网络或其他方式的表决时间及表决程序。

股东大会拟讨论董事、监事选举事项的,股东大会通知中将充分披露董事、监事候选人的详细资料,至少包括以下内容:教育背景、工作经历、兼职等个人情况,与本公司或本公司的控股股东及实际控制人是否存在关联关系,披露持有本公司股份数量,是否受过中国证监会及其他有关部门的处罚和证券交易所惩戒。除采取累积投票制选举董事、监事外,每位董事、监事候选人应当以单项提案提出。

股东大会通知应当充分、完整披露所有提案的全部具体内容。股东大会拟讨论的事项需要独立董事发表意见的,发布股东大会通知或补充通知时将同时披露独立董事的意见及理由。

对于有限责任公司,由于具有较强的人合性,更强调公司的意思自治,股东、股东与高管之间联系更为紧密,《公司法》规定:"召开股东会会议,应当于会议召开十五日前通知全体股东;但是,公司章程另有规定或者全体股东另有约定的除外。"故对于通知的内容并无强制性规定,可以在章程中进行约定。对于股份有限公司,组织相对松散,股东之间、股东与高管之间联系薄弱,为了使股东获得全面的信息,《公司法》规定:"召开股东大会会议,应当将会议召开的时间、地点和审议的事项于会议召开二十日前通知各股东;临时股东大会应当于会议召开十五日前通知各股东;发行无记名股票的,应当于会议召开三十日前公告会议召开的时间、地点和审议事项。"故关于会议通知的形式、内容由法律作出强制性规定,公司章程设计不得与之冲突。

(二)公司章程条款实例

1. 云南××集团股份有限公司

《云南××集团股份有限公司章程》(2019年8月21日经2019年第二次临时股东大会审议通过)第五十二条规定:"提案的内容应当属于股东大会

职权范围,有明确议题和具体决议事项,并且符合法律、行政法规、部门规章、规范性文件和本章程的有关规定。"

第五十三条规定:"公司召开股东大会,董事会、监事会以及单独或者合并持有公司3%以上股份的股东,有权向公司提出提案。单独或者合计持有公司3%以上股份的股东,可以在股东大会召开10日前提出临时提案并书面提交召集人。召集人应当在收到提案后2日内发出股东大会补充通知,公告临时提案的内容。除前款规定的情形外,召集人在发出股东大会通知公告后,不得修改股东大会通知中已列明的提案或增加新的提案。股东大会通知中未列明或不符合本章程第五十二条规定的提案,股东大会不得进行表决并作出决议。"

第五十四条规定:"召集人将在年度股东大会召开20日前以公告方式通知各股东,临时股东大会将于会议召开15日前以公告方式通知各股东。公司根据各次股东大会的实际情况,决定是否进行催告。"

第五十五条规定:"股东大会的通知包括以下内容:(一)会议的时间、地点和会议期限;(二)提交会议审议的事项和提案;(三)以明显的文字说明:全体股东均有权出席股东大会,并可以书面委托代理人出席会议和参加表决,该股东代理人不必是公司的股东;(四)有权出席股东大会股东的股权登记日,股权登记日与会议日期之间的间隔应当不多于7个工作日。股权登记日一旦确认,不得变更;(五)会务常设联系人姓名,电话号码。股东大会采用网络或其他方式投票的,应当在股东大会通知中明确载明网络或其他方式的表决时间及表决程序。股东大会网络或其他方式投票的开始时间,不得早于现场股东大会召开前一日下午3:00,并不得迟于现场股东大会召开当日上午9:30,其结束时间不得早于现场股东大会结束当日下午3:00。"

第五十六条规定:"股东大会拟讨论董事、监事选举事项的,股东大会通知中将充分披露董事、监事候选人的详细资料,至少包括以下内容:(一)教育背景、工作经历、兼职等个人情况;(二)与本公司或本公司的控股股东及实际控制人是否存在关联关系;(三)披露持有本公司股份数量;(四)是否受过中国证监会及其他有关部门的处罚和证券交易所惩戒。除采取累积投票制选举董事、监事外,每位董事、监事候选人应当以单项提案提出。"

第五十七条规定:"发出股东大会通知后,无正当理由,股东大会不应延期或取消,股东大会通知中列明的提案不应取消。一旦出现延期或取消的情形,召集人应当在原定召开日前至少2个工作日公告并说明原因。"

2.××药业股份有限公司

《××药业股份有限公司章程》(2020年12月)第五十二条规定:"提案的内容应当属于股东大会职权范围,有明确议题和具体决议事项,并且符合法律、行政法规和本章程的有关规定。"

第五十三条规定:"公司召开股东大会,董事会、监事会以及单独或者合并持有公司3%以上股份的股东,有权向公司提出提案。单独或者合计持有公司3%以上股份的股东,可以在股东大会召开10日前提出临时提案并书面提交召集人。召集人应当在收到提案后2日内发出股东大会补充通知,公告临时提案的内容。除前款规定的情形外,召集人在发出股东大会通知公告后,不得修改股东大会通知中已列明的提案或增加新的提案。股东大会通知中未列明或不符合本章程第五十二条规定的提案,股东大会不得进行表决并作出决议。"

第五十四条规定:"召集人将在年度股东大会召开20日前以公告方式通知各股东,临时股东大会将于会议召开15日前以公告方式通知各股东。"

第五十五条规定:"股东大会的通知包括以下内容:(一)会议的时间、地点和会议期限;(二)提交会议审议的事项和提案;(三)以明显的文字说明:全体股东均有权出席股东大会,并可以书面委托代理人出席会议和参加表决,该股东代理人不必是公司的股东;(四)有权出席股东大会股东的股权登记日;(五)会务常设联系人姓名、电话号码;(六)大会通知和补充通知中应当充分、完整披露所有提案的全部具体内容,拟讨论的事项需要独立董事发表意见的,发布股东大会通知或补充通知时将同时披露独立董事的意见及理由;(七)股东大会采用网络或其他方式的,应当在股东大会通知中明确载明网络方式的表决时间及表决程序,股东大会网络方式投票的开始时间,不得早于现场股东大会召开前一日下午3:00,并不得迟于现场股东大会召开当日上午9:30,其结束时间不得早于现场股东大会结束当日下午3:00;(八)股权登记日与会议日期之间的间隔应当不多于7个工作日,股权登记日一旦确认,不得变更。"

第五十六条规定:"股东大会拟讨论董事、监事选举事项的,股东大会通知中将充分披露董事、监事候选人的详细资料,至少包括以下内容:(一)教育背景、工作经历、兼职等个人情况;(二)与本公司或本公司的控股股东及实际控制人是否存在关联关系;(三)披露持有本公司股份数量;(四)候选人是否存在失信行为;(五)是否受过中国证监会及其他有关部门的处罚和证券交易所惩戒。除采取累积投票制选举董事、监事外,每位董事、监事候选人应当以单项提案提出。"

第五十七条规定:"发出股东大会通知后,无正当理由,股东大会不应延期或取消,股东大会通知中列明的提案不应取消。一旦出现延期或取消的情形,召集人应当在原定召开日前至少2个工作日公告并说明原因。"

三、股东会通知相关司法规则

规则一,未提前十五天通知股东开会,并非一定导致股东会决议撤销,关键因素系是否对股东会决议产生实质影响。如没有,则属于轻微瑕疵,撤销请求不予支持,同时撤销请求应在法定期间内提出。

以安徽省黄山市中级人民法院 2020 年的一个案件为例：

安徽省黄山市中级人民法院认为，本案二审的争议焦点为：案涉两份股东会决议是否存在撤销情形，蒋某请求撤销案涉两份股东会决议有无超过六十日的法定期限。

《中华人民共和国公司法》第四十一条规定："召开股东会会议，应当于会议召开十五日前通知全体股东；但是，公司章程另有规定或者全体股东另有约定的除外。股东会应当对所议事项的决定作成会议记录，出席会议的股东应当在会议记录上签名。"本案中，A 公司在其章程中明确规定，"召开股东会会议，应当于会议召开十五日前通知全体股东"。A 公司于 2020 年 1 月 10 日、2020 年 2 月 28 日两次召开股东会，第一次股东会会议通知提前十二日通知蒋某，第二次股东会会议通知提前十四日通知蒋某，均未达到公司章程所规定的提前十五日的要求，属于股东会召集程序违反公司章程规定。且 A 公司未对两次股东会所议事项专门制作会议记录，而是以股东会决议代替会议记录，亦存在瑕疵。

《中华人民共和国公司法》第二十二条第二款规定："股东会或者股东大会、董事会的会议召集程序、表决方式违反法律、行政法规或者公司章程，或者决议内容违反公司章程的，股东可以自决议作出之日起六十日内，请求人民法院撤销。"《最高人民法院关于适用〈中华人民共和国公司法〉若干问题的规定（四）》第四条规定："股东请求撤销股东会或者股东大会、董事会决议，符合公司法第二十二条第二款规定的，人民法院应当予以支持，但会议召集程序或者表决方式仅有轻微瑕疵，且对决议未产生实质影响的，人民法院不予支持。"

对于 A 公司于 2020 年 1 月 10 日召开的股东会。虽然此次股东会的召集及会议记录上存在瑕疵，但属于轻微瑕疵，且 A 公司的经营范围为房地产开发、销售，公司提前股东出资期限系经营管理需要，因马某占股 80%，享有公司三分之二以上的表决权，故该轻微瑕疵不足以对此次股东会决议产生实质影响，根据《最高人民法院关于适用〈中华人民共和国公司法〉若干问题的规定（四）》第四条的规定，对蒋某提出的撤销 A 公司于 2020 年 1 月 10 日作出的股东会决议的请求，依法不予支持。即便蒋某认为其享有撤销权，蒋某于 2020 年 3 月 11 日通过网上立案方式向歙县人民法院提交立案申请时，距决议作出之日已经超出六十日的撤销权行使期限，其撤销权亦归于消灭。蒋某上诉认为受疫情影响，其撤销权行使期限应当顺延。本院认为，受疫情影响，当事人到法院现场立案可能存在困难，但仍可以通过网上立案、邮寄立案材料等方式提起诉讼，不影响蒋某行使其撤销权。故一审法院判决驳回蒋某提出的撤销 A 公司于 2020 年 1 月 10 日作出的股东会决议的请求并无不当。

对于 A 公司于 2020 年 2 月 28 日召开的股东会。此次股东会的召集程序亦存在轻微瑕疵，且会议未对所议事项的讨论及表决过程形成会议记录，同时马某与蒋某对于蒋某是否已经实际出资存在争议，故本院认为该瑕疵可能对决议内容产生实质影响。因此，蒋某有权可以自决议作出之日起六十日内请求人民法院撤销，一审法院判决撤销 A 公司于 2020 年 2 月 28 日召开的股东会并无不当。

规则二，股东会通知存在瑕疵，但股东的知情权和表决权等股东权利得到实现,撤销股东会决议的请求不被支持。

以贵州省高级人民法院2017年的一个案件为例:

　　贵州省高级人民法院认为:本案系股东起诉请求撤销股东会决议,案由应为公司决议撤销纠纷,一审确定案由为公司决议效力确认纠纷不当,本院予以纠正。根据上诉人的上诉请求、理由及"公司股东会或者股东大会、董事会的决议内容违反法律、行政法规的无效。股东会或者股东大会、董事会的会议召集程序、表决方式违反法律、行政法规或者公司章程,或者决议内容违反公司章程的,股东可以自决议作出之日起六十日内,请求人民法院撤销"之规定,本院认为,本案的争议焦点为涉案股东会召集程序是否违法。对该争议焦点,袁仁某、袁某、袁吉某三上诉人认为,根据法律规定,公司召开股东会会议,应当于会议召开十五日前通知全体股东,而前述股东会的召开,三上诉人在会前未收到任何通知,也不知会议议题,会议内容存在添加、篡改,因而其程序违法。但本院查明的事实是,袁仁某、袁某、袁吉某出席了股东会并发表了意见,股东会决议通过时出席人数及代表的表决权也符合法律和公司章程规定,且本案所涉两项决议内容已在后续的股东会决议中得到了纠正或变更。据此,本院认为,该次股东会的召开虽在通知程序上存在瑕疵,但已满足了上诉人的知情权和表决权,且对已经变更或纠正的股东会决议无须司法撤销,一审判决驳回三上诉人的诉讼请求正确,三上诉人的上诉理由不成立,本院不予采纳。

以浙江省宁波市中级人民法院2020年的一个案件为例:

浙江省宁波市中级人民法院认为:工业品公司召开股东会时未按照章程规定提前十五日,而仅提前一周时间通知郑某,应属于程序瑕疵。但该瑕疵并未妨碍股东公平参与多数意思的形成和获知对其作出意思表示所需的必要信息,包括郑某在内的所有股东都参加了股东大会,该程序瑕疵对郑某行使其股东权利并未造成重大影响。一审法院认定为轻微瑕疵,对郑某撤销决议的请求予以驳回,并无不当。郑某未在决议上签字,系因为对股份比例不满。股东会决议经全体股东所持表决权的三分之二以上通过,符合公司章程的规定,应属有效。

规则三,公司已尽到合理的通知义务,股东"拒收"行为系为自身权利的放弃,并非可以撤销决议的有效抗辩。

以上海市第二中级人民法院2015年的一个案件为例:

上海市第二中级人民法院认为:1.根据原审法院查明的事实,刘某已经在会议召开之前以邮政特快专递的方式向徐某寄送了开会通知,且送达地址包含了徐某的户籍地、经常居住地等多个地址,并在特快专递中注明了徐某的手机号码联系方式。而前述部分地址以及手机号码也正是徐某在原审中向法院邮寄材料时所提供的其本人的信息。加之刘某向徐某发出的特快专递中有多份快递件显示退回的原因为"拒收",故本院同意原审法院的认定,即刘某已经尽到了通知徐某参加涉案股东会会议的义务,徐某未按时参会,系其对自身权利的放弃。故本院对于徐某此节抗辩理由不予采信。

规则四,股东会会议通知未载明股东会决议部分内容,违反公司章程,应予以撤销。

以上海市第一中级人民法院 2019 年的一个案件为例:

上海市第一中级人民法院认为:在向 H 公司发送的股东会会议通知中,并未载明涉案股东会决议第五至第八项内容,且 H 公司代理人在会议上明确提出上述事项不应纳入审议范围。因此,涉案股东会决议中的第五至第八项内容应属于表决事项存在瑕疵,违反了公司章程的规定,且不属于轻微瑕疵,依法应予以撤销。一审法院关于决议第五至第八项内容的表决程序亦属于轻微瑕疵的认定应属不当,本院予以纠正。

规则五,有限责任公司,章程中如无特别约定,股东会决议内容超过会议通知议题范围所形成的决议有效。

以广东省广州市中级人民法院 2019 年的一个案件为例:

分析股东会决议内容是否违反公司章程的问题。第一,A 公司属有限责任公司,是人合与资合性兼有的公司类型,与股份有限公司相比较,公司治理和日常管理方面更为灵活。《公司法》并无将会议审议的事项作为股东会会议通知的必要记载事项,A 公司的章程中也没有明确规定召集股东会应当事先通知会议的议题。第二,在股东会会议通知第五条第 6 项也注明了现场决议表决其他重要事项。第三,对比股东会会议通知以及股东会决议内容,新增加的项目主要是 B 公司、C 公司持有的股权对外转让的事项,该些内容并无超出公司章程第十一条第一项第 11 款规定的范围,属于股东会有权表决的内容,没有违反公司章程规定。如该些股权转让侵害了吴某作为股东的优先受让权亦存在决议内容违反法律的可能,并不属于股东会决议撤销的法定情形。

规则六,未向全体股东发出股东会会议的召开通知属于召集对象上严重的程序瑕疵,对股东会决议的成立有根本性影响,法院支持股东会决议不成立诉请。

以上海市第一中级人民法院 2019 年的一个案件为例:

上海市第一中级人民法院认为:D 公司系 E 公司股东之一,本案的争议焦点在于 2018 年 8 月 3 日 E 公司股东会会议是否存在召集程序瑕疵,以及该瑕疵是否影响系争股东会决议的成立。

第一,2018 年 8 月 3 日 E 公司股东会会议的召集程序存在瑕疵。根据《公司法》第四十一条第一款规定,召开股东会会议,应当于会议召开十五日前通知全体股东。E 公司的公司章程第十条亦规定,股东会会议应当于会议召开十五日以前通知全体股东。但本案中,E 公司仅提供 2018 年 6 月其向 D 公司寄送快递的面单,上载"关于按时交还码头的通知函",该通知函上亦未记载召开股东会会议的事宜。因此,现有证据不足以证明 E 公司曾向 D 公司发出将于 2018 年 8 月 3 日召开股东会会议的通知,即 E 公司上述股东会会议未召集全体股东,存在召集对象上的瑕疵。

第二,根据《公司法》第二十二条和《公司法》司法解释四第五条规定,股东会会议召集及表决中的程序瑕疵依其严重程度的不同可能导致股东会决议可撤销或不成立的法律后果。召集对象上的瑕疵属于严重的程序瑕疵,对股东会决议的成立有根本性影

响,理由有三:

首先,股东会决议的成立需经正当程序,召集对象上的瑕疵直接导致会议无法形成有约束力的决议。决议行为与单方或多方民事法律行为不同,决议行为一般不需要所有当事人意思表示一致才能成立,而是多数人意思表示一致就可以成立。这种"多数决"的正当性就在于程序正义,即决议必须依一定的程序作出。即规定,法人、非法人组织依照法律或者章程规定的议事方式和表决程序作出决议的,该决议行为成立。其中,股东会召集程序体现了股东会会议发起的正当性和合法性,提供了使股东意思归属于公司的前提基础。不存在召集就不存在股东的集会和表决,也就不存在决议行为。而召集对象上的瑕疵直接导致部分或者全部股东无法获知股东会会议的召开信息,对该部分股东而言即不存在股东会会议的召集,故而也不可能形成能够约束全体股东的股东会决议。

其次,未通知股东参会的行为与诸如提前通知不足法定期间、表决方式未按章程约定等股东会召集、表决过程中的一般程序瑕疵明显不同,其后果并非影响股东表决权的行使,而是从根本上剥夺了股东行使表决权的机会和可能。特别对于小股东而言,虽然其所持表决权占比低,不足以实质性改变股东会决议结果,但其依然可能通过在股东会会议上的陈述等影响其他股东的表决行为,不能因为其表决权占比低就忽视其行使表决权的权利。

最后,未通知股东也使得相关股东因不知晓股东会决议的存在而无法及时主张权利救济。在未向全体股东发出股东会会议的召开通知时,如认为股东会决议依然成立,则未获通知的股东只能基于《公司法》第二十二条第二款规定,自决议作出之日起六十日内,请求人民法院撤销该决议。但上述六十日的期间并无中止或中断之可能,且既然有股东未获股东会会议召开的通知,则其很可能亦无渠道及时获知已有股东会决议作出,难以苛求其能够在六十日内提起相应诉讼。故而,如此时仍认为股东会决议成立会不合理地限制未获通知的股东寻求救济的权利。

综上所述,2018 年 8 月 3 日 E 公司的股东会会议因存在召集程序上的严重瑕疵,根据《公司法》司法解释四第五条第五项的规定,系争股东会决议不成立。

规则七,公司在明知股东被羁押情况下,仍仅向其身份证地址邮寄会议通知,显然未尽合理、谨慎的义务,不符合章程"适当发出"的要求。

以蔡某某诉 A 公司撤销公司决议纠纷案件为例:

2007 年 7 月,A 公司设立,投资人(股东)蔡某某任法定代表人及董事长。2011 年 4 月,蔡某某因涉嫌经济犯罪被依法刑事羁押。2013 年 11 月,A 公司董事会决定召开 2013 年第二次临时董事会会议,并采取特快专递的方式向蔡某某的身份证住址邮寄送达会议通知。由于会议当天董事人数未达到公司章程规定,故会议主持人潘某宣布会议延后 15 天举行,并以同样方式向蔡某某邮寄送达会议通知。同年 12 月,A 公司第二次临时董事会会议召开,其中未到会的蔡某某、黄某某董事权利由会议主持人潘某代为行使,会议全票通过选举潘某为公司董事长等六项决议。2014 年 2 月,蔡某某以临时董事会会议的召集程序、表决方式及董事会决议内容违反公司章程为由诉至法院,请求撤销涉案董事会决议。

广州市天河区人民法院认为,涉案董事会召集程序违反公司章程,判决撤销涉案董事会决议。广州市中级人民法院认为,A 公司应按照公司章程规定向蔡某某送达会议通知。A 公司在明知蔡某某被羁押情况下,仍仅向其身份证地址邮寄会议通知,显然未尽合理、谨慎的义务,不符合章程"适当发出"的要求。涉案董事会的提案内容中有多项与蔡某某本人切身利益密切相关,该通知瑕疵不属于轻微瑕疵。故于 2018 年 6 月维持原判。

规则八,股东会作出除名决议,被除名股东应当有权被通知。

以江西省景德镇市中级人民法院 2020 年的一个案件为例:

> 江西省景德镇市中级人民法院认为:决议有效性是除名的决定性环节。除名决议具有决定性,公司可以依据有效的除名决议实施除名行为,因此除名决议应当做到决议程序、内容合法合规并符合公司章程规定,否则可能会影响决议效力。应当明确的是,被除名股东应当有权被通知,虽然会议的议题包括对股东除名的表决,但是法律并未排除该股东接受会议通知、出席会议并进行申辩的权利,股东进行解释和申辩的权利应予确认和保护。

第三章
控制权保护之运营管理

第一节　董事会职权

一、董事会职权概述

公司董事会是公司经营决策机构,董事会向股东(大)会负责,维护股东的合法权益。除法律和公司章程规定应由股东会行使的权力之外,其他事项均可由董事会决定,如召集股东会会议并向股东会报告工作,制订公司的年度财务方案、利润分配方案,决定聘任解聘公司经理等职权。

根据《公司法》规定,董事会的职权可分为"一个召集"(召集股东会会议,并向股东会报告工作)、"一个执行"(执行股东会的决议)、"三个决定"(决定公司的经营计划和投资方案;决定公司内部管理结构的设置;决定聘任或者解聘公司经理及其报酬事项,并根据经理的提名决定聘任或者解聘公司副经理、财务负责人及其报酬事项)、"五个制订"(制订公司的年度财务预算方案、决算方案;制订公司利润分配方案和弥补亏损方案;制订公司增加或者减少注册资本以及发行公司债券的方案;制订公司合并、分立、解散或者变更公司形式的方案;制订公司的基本管理制度)以及公司章程规定的其他职权。

关于董事会职权,法律相关规定如下:

《公司法》第四十六条规定:"董事会对股东会负责,行使下列职权:(一)召集股东会会议,并向股东会报告工作;(二)执行股东会的决议;(三)决定公司的经营计划和投资方案;(四)制订公司的年度财务预算方案、决算方案;(五)制订公司的利润分配方案和弥补亏损方案;(六)制订公司增加或者减少注册资本以及发行公司债券的方案;(七)制订公司合并、分立、解散或者变更公司形式的方案;(八)决定公司内部管理机构的设置;(九)决定聘任或者解聘公司经理及其报酬事项,并根据经理的提名决定聘任或者解聘公司副经理、财务负责人及其报酬事项;(十)制订公司的基本管理制度;(十一)公司章程规定的其他职权。"

《上市公司章程指引》第一百零七条规定:"董事会行使下列职权:(一)召集股东大会,并向股东大会报告工作;(二)执行股东大会的决议;(三)决定公司的经营计划和投资方案;(四)制订公司的年度财务预算方案、决算方案;(五)制订公司的利润分配方案和弥补亏损方案;(六)制订公司增加或者减少注册资本、发行债券或其他证券及上市方案;(七)拟订公司重大收购、收购本公司股票或者合并、分立、解散及变更公司形式的方案;(八)在股东大会授权范围内,决定公司对外投资、收购出售资产、资产抵押、对外担保事项、委托理财、关联交易等事项;(九)决定公司内部管理机构的设置;(十)聘任或者解聘公司经理、董事会秘书;根据经理的提名,聘任或者解聘公司副经理、财务负责人等高级管理人员,并决定其报酬事项和奖惩事项;(十一)制订公司的基本管理制度;(十二)制订本章程的修改方案;(十三)管理公司信息披露事项;(十四)向股东大会提请聘请或更换为公司审计的会计师事务所;(十五)听取公司经理的工作汇报并检查经理的工作;(十六)法律、行政法规、部门规章或本章程授予的其他职权。公司董事会设立审计委员会，并根据需要设立战略、提名、薪酬与考核等相关专门委员会。专门委员会对董事会负责，依照本章程和董事会授权履行职责，提案应当提交董事会审议决定。专门委员会成员全部由董事组成，其中审计委员会、提名委员会、薪酬与考核委员会中独立董事占多数并担任召集人，审计委员会的召集人为会计专业人士。董事会负责制订专门委员会工作规程，规范专门委员会的运作。注释：公司股东大会可以授权公司董事会按照公司章程的约定向优先股股东支付股息。超过股东大会授权范围的事项，应当提交股东大会审议。"

二、章程条款实例

1. 内蒙古××实业集团股份有限公司

《内蒙古××实业集团股份有限公司章程》（2020 年 9 月修订）第一百零七条规定："董事会行使下列职权：（一）召集股东大会，并向股东大会报告工作；（二）执行股东大会的决议；（三）决定公司的经营计划和投资方案；（四）制订公司的年度财务预算方案、决算方案；（五）制订公司的利润分配方案和弥补亏损方案；（六）制订公司增加或者减少注册资本、发行债券或其他证券及上市方案；（七）拟订公司重大收购、收购本公司股票或者合并、分立、解散及变更公司形式的方案；（八）在股东大会授权范围内，决定公司对外投资、收购出售资产、资产抵押、对外担保事项、委托理财、关联交易等事项；（九）决定公司内部管理机构的设置；（十）聘任或者解聘公司总裁、董事会秘书，根据总裁的提名，聘任或者解聘公司副总裁、财务负责人等高级管理人员，并决定其报酬事项和奖惩事项；（十一）制订公司的基本管理制度；（十二）制订本章程的修改方案；（十三）管理公司信息披露事项；（十四）向股东大会提请聘请或更换为公司审计的会计师事务所；（十五）听取公司总裁的工作汇报并检查总裁的工作;(十六)审议公司因本章程第二十三条第(三)项、第(五)项、第(六)项情形收购本公司股份的事项;(十七)法律、行政法规、部门规章或本章程授予的其他职权。股东大会可以制订公司长期激励制度,其具体实施方案或办法应当由董事会根据股东大会制订的长期激励制度制定并由董事会通过后实施。"

第一百一十条规定:"董事会应当依据《公司法》等法律、行政法规及中国证监会、上海证券交易所的相关要求确定对外投资、收购出售资产、资产抵押、对外担保事项、委托理财、关联交易的权限,建立严格的审查和决策程序;重大投资项目应当组织有关专家、专业人员进行评审,并报股东大会批准。股东大会授权董事会在股东大会闭会期间对以下事项行使职权:(一)公司在一年内购买、出售重大资产低于公司最近一期经审计总资产30%的事项;(二)金额占公司最近经审计净资产低于50%的对外投资(含委托理财、委托贷款、对子公司投资等)、租入或租出资产、签订管理合同(含委托经营、受托经营等)、债权或债务重组、研究与开发项目的转移、签订许可协议等事项或交易;(三)本章程第四十一条规定之外的担保事项;(四)金额占公司最近经审计净资产低于5%的关联交易;(五)股东大会以决议形式通过的其他授权事项。上述交易事项以发生额作为计算标准,并按交易类别或交易方在连续十二个月内累计计算。经累计计算的发生额达到前述标准的,适用相应规定。"

2.上海××公用事业(集团)股份有限公司

《上海××公用事业(集团)股份有限公司章程》(2019年)第一百四十九条规定:"董事会行使下列职权:(一)召集股东大会,并向股东大会报告工作;(二)执行股东大会的决议;(三)决定公司的经营计划和投资方案;(四)制订公司的年度财务预算方案、决算方案;(五)制订公司的利润分配方案和弥补亏损方案;(六)制订公司增加或者减少注册资本、发行债券或其他证券及上市方案;(七)拟订公司重大收购、公司因本章程第二十九条第(一)项规定的情形收购本公司股票或者合并、分立、解散及变更公司形式的方案;(八)在股东大会授权范围内,决定公司对外投资、收购出售资产、资产抵押、对外担保事项、委托理财、关联交易等事项;(九)决定公司内部管理机构的设置;(十)聘任或者解聘公司经理、董事会秘书、董事会证券事务授权代表,根据经理的提名,聘任或者解聘公司副经理、财务负责人等高级管理人员,并决定其报酬事项和奖惩事项;(十一)制订公司的基本管理制度;(十二)制订本章程的修改方案;(十三)管理公司信息披露事项;(十四)向股东大会提请聘请或更换为公司审计的会计师事务所;(十五)听取公司经理的工作汇报并检查经理的工作;(十六)对公司因本章程第二十九条第(三)项、第(五)项、第(六)项规定的情形收购本公司股份作出方案,董事会作出前款决议事项,除第(六)项、第(七)项、第(十二)项和法律、行政法规及本章程另有规定的必须由三分之二以上董事表决同意外,其余可以由半数以上的董事表决同意。"

三、股东会能否将权利授予董事会

根据《公司法》第四十六条规定,董事会对股东会负责,行使下列职权:公司章程规定的其他职权。董事会的权利可以由公司章程赋予,那么,是否可以通过公司章程将股东会的部分职权赋予董事会呢?

在法律没有明确禁止的情况下,股东可以通过公司章程调节股东会和董事会的职权范围,将股东会的部分职权授予董事会行使。但是,修改公司章程、增加或者减少注册资本的决议,以及公司合并、分立、解散的决议有且只有公司股东会才有决定权,这是股东会的法定权利。公司章程将股东会的法定权利规定由董事会行使,违反了公司法强制性规定,该类条款无效。

规则一,公司章程将股东会的法定权利规定由董事会行使,违反了强制性法律规定,应属无效。

以贵州省高级人民法院 2015 年的一个案件为例:

贵州省高级人民法院认为,公司章程是由公司发起人或全体股东共同制定的公司基本文件,也是公司成立的必备性法律文件,主要体现股东意志。按照《中华人民共和国公司法》第十一条的规定"设立公司必须依法制定公司章程",表明公司章程具有法定性,即它不仅是体现股东的自由意志,也必须遵守国家的法律规定。只要公司章程不违反国家强制性的、禁止性的法律规定,司法一般不应介入公司章程这种公司内部事务,即使司法要介入,也应保持适当的限度,即适度干预。

本案所涉公司章程规定了包括股东在内相应人员的权利和义务,对相应人员具有约束力,从有权利即有救济的角度看,如果股东认为公司章程的内容有违法或侵犯股东权利的情形,股东应有权通过诉讼维护自己的合法权利。因此,上诉人请求确认公司章程部分内容无效的权利是存在的,被上诉人报业宾馆和第三人报业公司认为"上诉人诉请确认公司章程部分无效没有法律依据"的理由不成立。在确认上诉人徐某享有相关的诉权后,本案的争议焦点在于报业宾馆章程内容是否部分无效。《中华人民共和国公司法》第三十八条、第四十七条分别以列举的形式规定了股东会和董事会的职权,从两条法律规定来看,董事会、股东会均有法定职权和章程规定职权两类。无论是法定职权还是章程规定职权,强调的都是权利,在没有法律明确禁止的情况下,权利可以行使、可以放弃,也可以委托他人行使。

但《中华人民共和国公司法》第四十四条第二款规定:"股东会

会议作出修改公司章程、增加或者减少注册资本的决议,以及公司合并、分立、解散或者变更公司形式的决议,必须经代表三分之二以上表决权的股东通过。"从此条规定中的法律表述用语"必须"可以看出,修改公司章程、增加或者减少注册资本的决议,以及公司合并、分立、解散的决议有且只有公司股东会才有决定权,这是股东会的法定权利。报业宾馆章程第七条第(八)(十)(十一)项,第三十二条第(二)项将股东会的法定权利规定由董事会行使,违反了上述强制性法律规定,应属无效。因此,被上诉人报业宾馆和第三人报业公司关于"该授权不违反《公司法》的强制性规范"的辩解理由不成立,上诉人的上诉请求部分应予支持。

规则二,股东会将权利授予董事会行使如违反了公司章程,则其实质上是对公司章程的修改,必须根据《公司法》规定,经代表三分之二以上表决权的股东通过,否则决议内容无效。

以北京市第一中级人民法院 2016 年的一个案件为例:

H 公司上诉称,股东会决议第二项内容仅是股东会授权董事会对 150 万元以下的投资计划有决定权,不构成对公司章程的修改,即便该决议内容与《公司章程》相冲突,亦不是决议无效的法定事由,而是决议被撤销的事由。对此本院认为,H 公司公司章程第八条规定,股东会决定对外投资计划。涉案股东会决议将该职权部分授予董事会,其实质是修改了公司章程第八条关于"股东会决定对外投资计划"的内容,在未取得 H 公司三分之二以上表决权的股东同意的情况下,该决议内容违反了《公司法》第四十三条关于"股东会会议作出修改公司章程的决议,必须经代表三分之二以上表决权的股东通过"的规定,一审法院认定该决议内容无效,具有事实及法律依据,本院对 H 公司的该项上诉意见,不予支持。

规则三,资产收益是公司股东享有的根本权利之一,应由公司全体股东决定公司未分配利润的分配方案,即使存在不按照出资比例分取红利的情况,也应建立在公司全体股东对分配方案认可的基础上。股东会决议中将该权利概括性授权董事会,可能终止或者限制股东的资产收益权,因此股东会决议的该条内容违反了法律的规定应确认为无效。

以上海市第一中级人民法院 2013 年的一个案件为例:

上海市第一中级人民法院认为,本案的争议焦点在于系争两份股东会决议的效力如何认定。根据法律规定,股东会决议的效力确认应考察股东会决议内容是否违反法律、行政法规的规定。

关于"13 时股东会决议"的效力问题,从股东会决议所载明的2010 年公司未分配利润总额以及利润分配的具体方案来看,系公司全体股东针对公司利润进行的自主分配。其中 26 名股东参加会议并签字确认分配方案,股东王某某虽未出席 13 时的股东会并签字同意利润分配方案,但结合王某某在此后两份 2010 年股利发放清单中签字确认的行为及本人生前未对此分配提出异议的行为,可以认定其对 2010 年公司的利润分配方案是知晓并确认的。被上诉人 B 公司 13 时的股东会决议虽未体现出决议当时全体股东同意按照上述决议的利润分配方案进行红利分配,但因王某某和上诉人袁某均签收相关股利款,上诉人袁某亦在决议上签字确认,因此上述行为可视为股东认可股东会决议并未侵犯其权益,该13 时的股东会决议内容符合法律规定,其效力本院予以认定。上诉人袁某关于 13 时股东会决议不符合法律规定应属无效的上诉理由,本院不予采信。

关于"15 时股东会决议"的效力问题,根据该份股东会决议的内容,系"从 2008 年度起,由董事会制订并经股东会授权董事会决定的上岗股东奖(指在公司 8 小时正常上班的持股员工奖金发放)分配方案""以前及今后由董事会决定的上岗股东奖金分配方案,股东会均表示认可"等。结合被上诉人 B 公司 13 时股东会决议中将公司其余未分配利润作为上岗股东奖等分配资金进行分配发放的情况,可知"15 时股东会决议"的内容一方面是股东会追认 2008 年起至表决日止的上岗股东奖分配方案,另一方面则是概括性授权董事会从 2010 年起在公司股东利润中决定上岗股东奖,因此上述概括性的授权是对公司将来未分配利润总额的分配进行新的调整。根据《公司法》规定,股东按照实缴的出资比例分取红利,但是全体股东约定不按照出资比例分取红利的除外。可见,资产收益是公司股东享有的根本权利之一,应由公司全体股东决定公司未分配利润的分配方案,即使存在不按照出资比例分取红利的情况,也应建立在公司全体股东对分配方案认可的基础上。现"15 时股东会决议"中概括性授权董事会决定上岗股东奖的分配方案问题,并约定"以前及今后由董事会决定的上岗股东奖金分配方案,股东会均表示认可",该决议内容未考虑到今后公司是否有利润、利润多少、上岗股东具体奖金利润分配方案如何,即股东在无法预见自己利益损失的情况下且未经全体股东充分讨论,也未告知议事事项供股东分析该决议对自己的股东利益是否有损,故该决议内容限制了股东对未知奖金利润分配方案行使否决的行为,一旦实施完全有可能终止或者限制股东的资产收益权,因此股东会决议的该条内容违反了法律的规定应确认为无效，原审判决关于"15 时股东会决议"有效的认定不当，本院予以改判。

第二节　董事会一票否决权

一、概述

根据《公司法》规定，董事会决议的表决，实行一人一票，即每位董事对于董事会决议的表决都有一票投票权，而且任何董事所拥有的一票表决权均是平等的。"董事会一票否决权"一般是指股东在公司章程中约定，某一个或者数个董事对董事会决议的某些事项享有一票否决权，其在形式上虽然仍属"一人一票制"，但实质上赋予特定董事超越"一人一票制"的额外表决权，特定董事会决议事项必须征得持有一票否决权的董事同意方可有效通过，进而极大地掌握了对公司的控制。

就有限责任公司董事会表决机制而言，《公司法》第四十八条规定："董事会的议事方式和表决程序，除本法有规定的外，由公司章程规定。董事会应当对所议事项的决定作成会议记录，出席会议的董事应当在会议记录上签名。董事会决议的表决，实行一人一票。"故在有限责任公司中，董事会的"一票否决权"安排属公司自治的范畴——董事会的议事方式和表决程序，除《公司法》另有规定之外，由公司章程规定。

而股份有限公司的董事会表决机制存在不同的规定。对于股份有限公司，我国《公司法》第一百一十一条规定："董事会会议应有过半数的董事出席方可举行。董事会作出决议，必须经全体董事的过半数通过。董事会决议的表决，实行一人一票。"此规定相比有限责任公司的规定，并无"董事会的议事方式和表决程序,除本法有规定的外"表述,所以一票否决权对于股份有限公司来说,并无法律可以支撑。对于股份公司,尤其是非上市公众公司与上市公司,涉及公共利益,其董事会应当实行"一人一票",且每一票均是平等的,以免特殊的表决机制被滥用进而损害公共利益。我国上市公司监管机构否定上市公司董事会"一票否决权"的安排。

关于董事会一票否决权,法律相关规定如下:

《公司法》第四十八条规定:"董事会的议事方式和表决程序,除本法有规定的外,由公司章程规定。董事会应当对所议事项的决定作成会议记录,出席会议的董事应当在会议记录上签名。董事会决议的表决,实行一人一票。"第一百一十一条规定:"董事会会议应有过半数的董事出席方可举行。董事会作出决议,必须经全体董事的过半数通过。董事会决议的表决,实行一人一票。"

二、司法案例

规则一,支持有限责任公司一票否决权的设置,认定符合公司股东意思自治的精神,但一票否决权仅存在于《投资协议书》中,只能约束协议各方,未列入章程中,不能对抗善意第三人。

以上海市第二中级人民法院 2014 年的一个案件为例:

上海市第二中级人民法院认为:本案争议焦点为:一、《投资协议书》中关于一票否决权的约定是否已被纳入 L 公司的章程内容;二、关于其他股东转让股权须经 Q 公司同意且该公司对此拥有否决权的规定是否合理;三、L 公司所作出的上述规定是否可以对抗善意受让人,系争《股权转让协议》是否应予继续履行。

关于争议焦点一。Q 公司、L 公司、胡某及李某三方共同签订的《投资协议书》中约定:Q公司对L公司从事包括"任何股份的出售、转让、质押或股东以任何方式处置其持有的公司股权的部分或全部"等行为均享有一票否决权。之后,L公司于同年6月13日制定的章程第十六条规定:董事会对所议事项作出的决定由二分之一以上的董事表决通过方为有效,并应作为会议记录,出席会议的董事应当在会议记录上签名;但以下事项的表决还需取得股东Q公司委派的董事的书面同意方能通过:(根据协议添加至此处)。

由于各方在投资成立L公司过程中仅形成过《投资协议书》,并无其他协议,故章程第十六条中"根据协议添加至此处"应理解为将《投资协议书》的内容添加至该条款处。对于所涉《投资协议书》具体内容的认定,本院认为,章程中规定该部分事项应取得Q公司委派董事的书面同意方能通过,反言之如董事不同意则不能通过,其目的及作用与《投资协议书》中Q公司对相关事项可予一票否决的约定一致。故就L公司原股东之间而言,章程中"根据协议添加至此处"的内容能理解为Q公司可行使一票否决权的相关内容,《投资协议书》的相关内容已纳入L公司的章程;但从L公司外部人员角度来看,由于并不知晓《投资协议书》的内容,因此很难理解"根据协议添加至此处"的具体内容。

关于争议焦点二。关于章程能否对股权转让设定限制条款问题,我国《公司法》对有限责任公司和股份有限公司作了不同规定,其中,涉及有限责任公司股权转让部分的原《公司法》第七十二条第四款规定:"公司章程对股权转让另有规定的,从其规定",即有限责任公司的章程可以约定对股份转让的限制。为维护股东之间的关系及公司自身的稳定性,章程可以对有限公司的股权转让作出相应的限制和要求,这是公司自治及人合性的重要体现,同时也是诚实信用原则和当事人意思自治原则的体现。故公司章程中对股权转让所作的特别规定,各方均应遵守。本案中,赋予Q公司对一些事项,包括股权转让的一票否决权,系Q公司认购新增资本的重要条件,这种限制是各方出于各自利益需求协商的结果,符合当时股东的真实意思表示,未违反《公司法》的强制性规定,应认定符合公司股东意思自治的精神,其效力应得到认可。

关于争议焦点三。胡某在转让股权之前于2013年8月12日分别向股东Q公司及李某发出关于行使优先购买权的通知,虽然该通知未询问Q公司是否行使一票否决权,但Q公司在知道胡某拟转让股权以及转让对象的情况下,未予回复,亦未对此提出异议,怠于行使自己的权利。而从本案的证据看,蒋某在交易中尽到了合理谨慎的注意义务,其与胡某系在行使优先购买权通知发出一个半月后签订系争股权转让协议,以10万元的价格受让胡某出资6万元持有的L公司37.2%股权,价款尚属合理,蒋某已履行了付款义务。因L公司章程中关于一票否决权的内容并不明晰,在工商行政管理部门登记备案的信息中对此也未有反映,胡某并无证据证明其在上述过程中已向蒋某告知过Q公司对于股权转让事项拥有否决权,也无证据证明蒋某与胡某存在恶意串通的情形,从维护商事交易安全考虑,应遵循商事外观主义原则,对善意第三人的信赖利益应予保护,L公司股东之间的内部约定不能对抗善意第三人。因此,对于系争股权转让协议的效力应予认可,蒋某要求继续履行协议办理工商变更登记的诉请应予以支持。

如果Q公司对此行使一票否决权,则胡某将始终被锁定在L公司,在双方已产生矛盾且L公司并非正常运营的情况下,Q公司原本的投资目的也很难达到。因Q公司拒绝购买该部分股权,致使胡某股权无法退出的同时也缺乏其他救济渠道,如有受让人愿意接手可促进股权流转及公司的发展。Q公司认为胡某在投资资金使用完毕后欲转让持有股权退出公司,故不同意其转让公司股权。对此,Q公司如有证据证明胡某确实存在损害公司利益的情况,其可另行主张权利。

规则二,章程约定董事会议定事项通过比例来达到一票否决权的目的,表决比例不符合约定,则决议依法不成立。

以江苏省南京市中级人民法院2017年的一个案件为例:

江苏省南京市中级人民法院认为,公司章程是有关公司组织和行为的基本准则和规范性文件,对公司、股东、董事、监事、高级管理人员均具有法律约束力。董事召开董事会会议应遵守法律、行政法规和公司章程的规定。《最高人民法院关于适用〈中华人民共和国公司法〉若干问题的规定(四)》第五条规定:"股东会或股东大会、董事会决议存在下列情形之一的,当事人主张决议不成立的,人民法院应当支持:……(三)出席会议的人数或股东所持表决权不符合公司法或公司章程规定的;(四)会议的表决结果未达到公司法或公司章程规定的通过比例的……"本案中,S公司的章程规定:召开董事会临时会议,应于会议召开五日以前通知全体董事。董事会会议应全体持有股权的董事出席方能举行,董事因故不能出席,可以书面委托其他董事代为出席,董事未出席董事会会议,也未委托其他董事代为出席的,视为其出席董事会会议并放弃在该次会议上的表决权;董事会决议的表决,实行一人一票表决权,持有股权的董事对公司所有事项有一票否决权;董事会议定事项须经过全体持有股权董事,即经过全体持有表决权的董事一致同意方可作出。2015 年 5 月 7 日党某被限制人身自由,其作为 S 公司的董事长,不能至公司正常开展经营管理工作,S 公司股东计某、董事兼总经理史某明知或应知道此事,史某却于 2015 年 6 月 13 日向党某发送电子邮件通知党某召开临时股东会会议,党某当时显然不能收到该通知,故本次会议通知程序存在重大瑕疵,对党某不发生法律效力。退一步讲,即便通知合法,2015 年 6 月 28 日董事会决议未经持股董事党某的同意,违反了"董事会议定事项须经过全体持有表决权的董事一致同意方可作出"的章程约定,该次会议的表决结果未达到公司章程规定的通过比例,该决议依法不成立。党某一审中诉请董事会决议无效,考虑到当时《最高人民法院关于适用〈中华人民共和国公司法〉若干问题的规定(四)》尚未制定施行,本案二审期间上述司法解释方施行,鉴于董事会决议无效和不成立对公司及董事的法律效果一致,即不具有法律约束力,为避免当事人诉累,一审法院判决无效,可予以维持。

规则三,股份有限公司中约定的一票否决权不予支持。

以上海市第一中级人民法院 2019 年的一个案件为例:

上海市第一中级人民法院认为:争议焦点之一,回购权的效力。虽然沈某等抗辩诸如优先清算权、一票否决权、强制出售权等权利违反了公司同股同权的原则。确实,在首次公开发行(IPO)阶段,股权对赌条款、业绩对赌条款、一票否决权、优先清算权等方面,双方权利明显不平等,所以一直是 IPO 审核的禁区。而 H 公司没有实现 IPO,仅在新三板挂牌。2016 年 8 月 8 日股转系统发布的

《挂牌公司股票发行常见问题解答(三)——募集资金管理、认购协
议中特殊条款、特殊类型挂牌公司融资》,明确了新三板挂牌公司
股票发行中对赌行为的规范要求,对一票否决权等有禁止性规
定,对于股份回购则没有禁止性的规定。因此,涉案增资补充协议
对于回购权约定应是有效。

三、公司章程设计

在公司融资过程中,投资人与创始人对于公司的信息了解具有不对称
性,故经常会要求拥有一票否决权,以更好地维护己方的利益。但一票否决
权并非一个空洞的权利,也并非对全部公司事项均赋予其否决权利,否则不
利于公司的经营发展。一票否决权作为投资人维护自己的利器,一般只在
涉及投资人重大利益的事项中发生。

在投融资过程中,是否添加一票否决权条款,以及如何添加、添加后否
决权范围是双方谈判的要点。对于创始人来说,当然是没有一票否决权条
款对其更为有利,但一般考虑到对于资金的需求,直接否定掉并不太可
能,此时,对于一票否决权的方式与范围就成了双方谈判的要点。

一票否决权在实务中一般有两种表达方式,一种是投资人或其委派董
事对于涉及公司一定范围的重大事项的决议拥有一票否决权;另外一种是
涉及公司的一定范围的重大事项的决议必须经全体股东(或全体董事)一致
(或必须包含投资人一方,包括其委派董事)同意方可通过。虽然两种均可
以达到一票否决的目的,但是第二种对于投资人来说保障更高一些。一是
在投资人未被通知的情况下,通过了符合《公司法》规定的股东会/董事会决
议,如投资人知晓后要求撤销,则其举证的难度以及成本会增加,以及在涉
及善意第三人的情况下,根据《最高人民法院关于适用〈中华人民共和国公

司法〉若干问题的规定(四)》第六条:"股东会或者股东大会、董事会决议被人民法院判决确认无效或者撤销的,公司依据该决议与善意相对人形成的民事法律关系不受影响",投资人的撤销请求可能会不被支持,只能另行追究其他股东/董事的违约责任,时间及成本大大增加。根据第二种约定,是对表决方式的一种规定,根据《最高人民法院关于适用〈中华人民共和国公司法〉若干问题的规定(四)》第五条:"股东会或者股东大会、董事会决议存在下列情形之一,当事人主张决议不成立的,人民法院应当予以支持:(三)出席会议的人数或者股东所持表决权不符合公司法或者公司章程规定的;(四)会议的表决结果未达到公司法或者公司章程规定的通过比例的",当其他股东/董事略过投资人去进行表决时,由于未按照章程规定进行,投资人进行维权的依据也就比较明确,成本较低。

针对一票否决权范围,通常在投资协议中,投资人会要求在以下事项方面享有"一票否决权":

①修改公司章程;

②增加或减少公司注册资本;

③公司的合并、分立、解散、清算、收购、兼并及重组或变更公司形式;

④公司的经营范围、业务活动的重大改变;

⑤购买和处置超过××万元以上的资产;

⑥向股东进行股息分配、利润分配;

⑦股权转让;

⑧对外保证或者担保;

⑨商标、专利以及专有技术等知识产权的购买、出售、租赁及其他处置;

⑩其他可能对公司经营、业绩、资产等产生重大影响的事项。

面对投资人一票否决权的要求,创始人要综合考虑,一是看投资人在此次融资过程中作用大小,二是看投资人成为公司股东后对公司后续发展的影响,从而合理地对一票否决权的范围进行调整。

第三节 分期分级董事会制度

一、概述

分期分级董事会条款(Staggered Board Provision),也称为"交错选举董事条款",指在公司章程中规定,将董事会分成若干组,规定每一组有不同的任期,以使每年都有一组的董事任期届满,每年也只有任期届满的董事被改选。美国《示范公司法》对分期分级董事会条款定义为:公司章程可以将董事分为两组或者三组(每组董事人数为董事总人数的二分之一或三分之一,即使每组董事人数无法相同,也应当尽可能接近)。在该制度下,第一组董事的任期到该组董事当选后的第一次年度股东(大)会为止,第二组董事的任期到该组董事当选后的第二次年度股东(大)会为止,第三组董事(如有)的任期到该组董事当选后的第三次年度股东(大)会为止。之后举行的每届年度股东(大)会,获选的继任董事任期应当为 2 年或 3 年。

董事会作为公司中经营方针的实际执行者,稳定的人员结构有利于执行效率的提高。分期分级董事会条款延缓了董事替换的频率,保持了董事会的稳定性,有利于促进公司措施的平稳推行。同时,分期分级董事会制度有利于抵御外部敌意收购,来势汹汹的"野蛮人"即使控制了目标公司多数股份,也只能在等待较长时间后,才能完全控制董事会。此段时间,给了董事会一定的喘息时间,在其获得董事会控制权之前,董事会可以采取一系列措施来达到反收购目的。因此,分期分级董事会条款在一定程度上减缓了收购人控制董事会的进程,有利于抵御敌意收购。

根据《公司法》第四十五条:"董事任期由公司章程规定,但每届任期不得超过三年。董事任期届满,连选可以连任。"第一百零八条:"本法第四十五条关于有限责任公司董事任期的规定,适用于股份有限公司董事。"故在设计分期分级董事会条款时,只要不违反法律的强制性规定,董事任期以可以进行章程自治。

二、章程条款实例

(一)湖北××科技股份有限公司

《湖北××科技股份有限公司章程》(2019年9月)第九十六条规定:

"董事由股东大会选举或更换,并可在任期届满前由股东大会解除其职务。董事任期三年,任期届满可连选连任。

"董事任期从就任之日起计算,至本届董事会任期届满时为止。董事任期届满未及时改选,在改选出的董事就任前,原董事仍应当依照法律、行政法规、部门规章和本章程的规定,履行董事职务。

"董事可以由高级管理人员兼任,但兼任高级管理人员职务的董事,总计不得超过公司董事总数的二分之一。

"如发生本章程规定的恶意收购情形,恶意收购发生时的当届董事会任期届满时,继任董事会成员中至少应有三分之二以上的原任董事会成员连任,且继任董事会成员中必须至少有一名公司职工代表担任董事,职工代表董事由在本公司连续工作满五年以上的职工通过职工代表大会民主选举产生后直接进入董事会,但如出现职工董事的入选导致独立董事人数低于法定比例的情况时,则董事会暂不设置职工董事;继任董事会任期届满前,每年股东大会改选董事的总数,不得超过本章程所规定的董事会组成人数的四分之一。

"为保证公司在被收购后的经营稳定性,维护公司及全体股东的长远利益,收购方及其一致行动人提名的董事候选人除应具备与履行董事职责相适应的专业能力和知识水平外,还应当具有至少五年以上与公司主营业务相同的业务管理经验。收购方及其一致行动人提名的董事候选人在股东大会、董事会或职工代表大会审议其受聘议案时,应当出席会议,就其任职资格、专业能力、从业经历、违法违规情况,与公司是否存在利益冲突,与公司控股股东、实际控制人以及其他董事、监事和高级管理人员的关系等情况进行说明。"

（二）武汉××生物科技股份有限公司

《武汉××生物科技股份有限公司章程》（2020 年 12 月）第一百零一条规定:

"董事由股东大会选举或更换,任期三年。董事任期届满,可连选连任。董事在任期届满以前,股东大会不能无故解除其职务。在发生公司恶意收购的情况下,非经原提名股东提议,任何董事在不存在违法犯罪行为或不存在不具备担任公司董事的资格及能力或不存在违反公司章程规定等情形下于任期内被解除董事职务的,公司应按该名董事在公司任职董事年限内税前薪酬总额的 5 倍向该名董事支付赔偿金。

"董事任期从就任之日起计算,至本届董事会任期届满时为止。董事任期届满未及时改选,在改选出的董事就任前,原董事仍应当依照法律、行政法规、部门规章和本章程的规定,履行董事职务。在发生公司恶意收购的情况下,如该届董事会任期届满的,继任董事会成员中应至少有三分之二以上的原任董事会成员连任,但独立董事连任不得超过六年;在继任董事会任期未届满的每一年度内的股东大会上改选董事的总数,不得超过本章程所规定董事会组成人数的四分之一。为保证公司及股东的整体利益以及公司经营的稳定性,收购方及其一致行动人提名的董事候选人应当具有至少五年以上与公司目前主营业务相同的业务管理经验,以及与其履行董事职责相适应的专业能力和知识水平。

"董事可以由总经理或者其他高级管理人员兼任,但兼任总经理或者其他高级管理人员职务的董事以及由职工代表担任的董事总计不得超过公司董事总数的二分之一。"

(三)×××农业高科技股份有限公司

《×××农业高科技股份有限公司章程》(2021年)第九十六条规定:

"董事由股东大会选举或更换,并可在任期届满前由股东大会解除其职务。董事任期三年。董事任期届满,可连选连任。

"在发生公司恶意收购的情况下,为保证公司及股东的整体利益以及公司经营的稳定性,收购方及其一致行动人提名的董事候选人应当具有至少五年以上与公司目前(经营、主营)业务相同的业务管理经验,以及与其履行董事职责相适应的专业能力和知识水平。

"董事任期从就任之日起计算,至本届董事会任期届满时为止。董事任期届满未及时改选,在改选出的董事就任前,原董事仍应当依照法律、行政法规、部门规章和本章程的规定,履行董事职务。

"公司董事可以由轮值总裁或者其他高级管理人员兼任。兼任轮值总裁或者其他高级管理人员职务的董事,总计不得超过公司董事总数的二分之一。"

三、章程条款设计建议

分期分级董事会条款的设计主要是为了防止恶意收购,减缓恶意收购者取得公司控制权的步伐。因此可以添加"董事在任期届满以前,股东会不能无故解除其职务"。可对收购方董事资格进行一定的限制:"收购方及其一致行动人提名的董事候选人应当具有至少五年以上与公司目前(经营、主营)业务相同的业务管理经验,以及与其履行董事职责相适应的专业能力和知识水平。"

对于更换比例上限,三分之一或是四分之一,应根据公司的实际情况决定,并无固定标准。

同时可以根据公司的股份结构,将解除董事职务设置为股东大会特别决议事项。

分期分级董事会条款只能在一定程度上延缓恶意收购者控制公司进程,却不足以对抗恶意收购。该条款的主要作用在于延缓收购者控制进程,为采取其他反收购措施争取时间。

第四节　法定代表人

一、概述

根据《公司法》第十三条规定,公司法定代表人依照公司章程的规定,由董事长、执行董事或者经理担任,并依法登记。公司法定代表人变更,应当办理变更登记。所以公司的法定代表人,由两种人来担任,一是公司的董事长或执行董事,二是公司的经理。

在由公司董事长或执行董事担任时,根据《公司法》第四十四条,董事会设董事长一人,可以设副董事长。董事长、副董事长的产生办法由公司章程规定。基于有限公司的人合性,其可以选择在公司章程中自主决定董事长的产生办法,可以选择由董事会以全体董事的过半数选举产生或由股东会选举产生或由出资最多的股东指定,等等。

根据《公司法》第一百零九条,董事会设董事长一人,可以设副董事长。董事长和副董事长由董事会以全体董事的过半数选举产生。股份公司的董事长由董事会以全体董事的过半数选举产生。相应地,法定代表人也由董事会选举产生。

根据《公司法》第四十九条,有限责任公司可以设经理,由董事会决定聘任或者解聘。第一百一十三条,股份有限公司设经理,由董事会决定聘任或者解聘。第五十条,股东人数较少或者规模较小的有限责任公司,可以设一名执行董事,不设董事会。执行董事可以兼任公司经理。可知,经理是由董事会决定聘任或者解聘,如无董事会,则可以有执行董事兼任,或者另行决定经理的产生办法。

关于法定代表人,法律相关规定如下:

《公司法》第十三条规定:"公司法定代表人依照公司章程的规定,由董事长、执行董事或者经理担任,并依法登记。公司法定代表人变更,应当办理变更登记。"第十四条规定:"董事会设董事长一人,可以设副董事长。董事长、副董事长的产生办法由公司章程规定。"第四十九条规定:"有限责任公司可以设经理,由董事会决定聘任或者解聘。"第五十条规定:"股东人数较少或者规模较小的有限责任公司,可以设一名执行董事,不设董事会。"第一百零九条规定:"董事会设董事长一人,可以设副董事长。董事长和副董事长由董事会以全体董事的过半数选举产生。"第一百一十三条规定:"股份有限公司设经理,由董事会决定聘任或者解聘。"

《中华人民共和国民法典》第六十一条规定:"依照法律或者法人章程的规定,代表法人从事民事活动的负责人,为法人的法定代表人。法定代表人以法人名义从事的民事活动,其法律后果由法人承受。法人章程或者法人权力机构对法定代表人代表权的限制,不得对抗善意相对人。"第六十二条规定:"法定代表人因执行职务造成他人损害的,由法人承担民事责任。法人承担民事责任后,依照法律或者法人章程的规定,可以向有过错的法定代表人追偿。执行机构为董事会或者执行董事的,董事长、执行董事或者经理按照法人章程的规定担任法定代表人;未设董事会或者执行董事的,法人章程规定的主要负责人为其执行机构和法定代表人。"

《企业法人法定代表人登记管理规定》第四条规定:"有下列情形之一的,不得担任法定代表人,企业登记机关不予核准登记:(一)无民事行为能力或者限制民事行为能力的。(二)正在被执行刑罚或者正在被执行刑事强制措施的。(三)正在被公安机关或者国家安全机关通缉的。(四)因犯有贿赂罪、侵犯财产罪或者破坏社会主义市场经济秩序罪,被判处刑罚,执行期满未逾五年的;因犯有其他罪,被判处刑罚,执行期满未逾三年的;或者因犯罪被判处剥夺政治权利,执行期满未逾五年的。(五)担任因经营不善破产清算的企业的法定代表人或者董事、经理,并对该企业的破产负有个人责任,自该企业破产清算完结之日起未逾三年的。(六)担任因违法被吊销营业执照的企业的法定代表人,并对该企业违法行为负有个人责任,自该企业被吊销营业执照之日起未逾三年的。(七)个人负债额较大,到期未清偿的。(八)有法律和国务院规定不得担任法定代表人的其他情形的。"第七条规定:"有限责任公司或者股份有限公司更换法定代表人需要由股东会、股东大会或者董事会召开会议作出决议,而原法定代表人不能或者不履行职责,致使股东会、股东大会或者董事会不能依照法定程序召开的,可以由半数以上的董事推选一名董事或者由出资最多或者持有最大股份表决权的股东或其委派的代表召集和主持会议,依法作出决议。"

二、章程条款设计

法定代表人对外代表公司,法定代表人以公司名义从事的民事活动,其法律后果由公司承受。因此法定代表人是争夺公司控制权的关键性职位,是公司控制权战争中的关键。在公司的经营过程中,公司发展往往需要进行融资,从而创始股东的股权会在此过程中被稀释。

为了防止日后法定代表人的职位落入他人之手,可以在章程条款设计时注意以下几个方面:

①应提高更换法定代表人的表决权的比例,例如变更法定代表人需要股东会代表三分之二以上表决权的股东通过并修改公司章程方可进行;

②在章程中明确法定代表人的任免程序,例如股东会或董事会;

③将法定代表人人选范围进行明确,例如仅限股东身份。

三、被明确写入章程的法定代表人如何更换

公司法定代表人一项虽属公司章程中载明的事项,但对法定代表人名称的变更在章程中体现出的仅是一种记载方面的修改,形式多于实质。公司更换法定代表人,只要股东会的召集程序、表决方式不违反公司章程的规定,即可多数决。

以新疆维吾尔自治区高级人民法院 2014 年的一个案件为例:

新疆维吾尔自治区高级人民法院认为:……其次,根据再审中诉辩双方意见,双方目前争议的主要是有限责任公司法定代表人变更是否须经代表三分之二以上表决权的股东通过的法律适用问题。房地产公司 2009 年 9 月 9 日章程第十四条第一款规定:"股东会议由股东按照出资比例行使表决权。股东会对修改公司章程、对公司增加或减少注册资本、分立、合并、解散或者变更公司形式须经代表三分之二以上表决权的股东通过。"该内容与《公司法》规定一致。我国《公司法》虽然规定股东会会议作出修改公司章程、增加或者减少注册资本的决议,以及公司合并、分立、解散或者变更公司形式的决议,必须经代表三分之二以上表决权的股东通过。但对于法定代表人变更事项的决议,并无明确规定,而房地产公司

的章程对此也未作出特别约定。从立法本意来说，只有对公司经营造成特别重大影响的事项才需要经代表三分之二以上表决权的股东通过。公司法定代表人一项虽属公司章程中载明的事项，但对法定代表人名称的变更在章程中体现出的仅是一种记载方面的修改，形式多于实质，且变更法定代表人时是否需修改章程是工商管理机关基于行政管理目的决定的，而公司内部治理中由谁担任法定代表人应由股东会决定，只要不违背法律法规的禁止性规定就应认定有效。此外，从公司治理的效率原则出发，倘若对于公司章程制订时记载的诸多事项的修改、变更均需代表三分之二以上表决权的股东通过，则反而是大股东权利被小股东限制，若无特别约定，是有悖确立的资本多数决原则的。若更换法定代表人必须经代表三分之二以上表决权的股东通过，那么张某、H 公司只要不同意就永远无法更换法定代表人，这既不公平合理，也容易造成公司僵局。因此，公司股东会按照股东出资比例行使表决权所形成的决议，理应得到尊重。公司更换法定代表人，只要股东会的召集程序、表决方式不违反和公司章程的规定，即可多数决。张某及 H 公司申请再审认为房地产公司法定代表人的变更须经代表三分之二以上表决权的股东签署通过的理由不能成立。

四、工商登记公示的法定代表人与公司决议产生的法定代表人不一致如何处理

工商登记的法定代表人对外具有公示效力，如果涉及公司以外的第三人因公司代表权而产生的外部争议，应以工商登记为准。而对于公司与股东之间因法定代表人任免产生的内部争议，则应以有效的股东会任免决议

为准,并在公司内部产生法定代表人变更的法律效果。

以最高人民法院 2014 年的一个案件为例:

> 最高人民法院认为:《中华人民共和国公司法》第十三条规定,公司法定代表人变更应当办理变更登记。本院认为,法律规定对法定代表人变更事项进行登记,其意义在于向社会公示公司意志代表权的基本状态。工商登记的法定代表人对外具有公示效力,如果涉及公司以外的第三人因公司代表权而产生的外部争议,应以工商登记为准。而对于公司与股东之间因法定代表人任免产生的内部争议,则应以有效的股东会任免决议为准,并在公司内部产生法定代表人变更的法律效果。因此,H 公司作为 D 公司的唯一股东,其作出的任命 D 公司法定代表人的决议对 D 公司具有拘束力。

五、案件审理期间法定代表人被更换,原法定代表人并非不再担责

以最高人民法院 2017 年的一个案件为例:

> 最高人民法院认为,本案的争议焦点为山东高院对侯某采取限制出境措施是否不当,具体分析如下:
>
> 《中华人民共和国民事诉讼法》第二百五十五条规定:"被执行人不履行法律文书确定的义务的,人民法院可以对其采取或者通知有关单位协助采取限制出境,在征信系统记录、通过媒体公布不履行义务信息以及法律规定的其他措施。"《最高人民法院关于适用〈中华人民共和国民事诉讼法〉执行程序若干问题的解释》第三

十七条规定："被执行人为单位的，可以对其法定代表人、主要负责人或者影响债务履行的直接责任人员限制出境。"据此，在被执行人不履行法律文书确定的义务的情况下，人民法院经审查认为确有必要的，可以对被执行人及其法定代表人、主要负责人或者影响债务履行的直接责任人员采取限制出境措施。具体到本案而言，根据本案据以执行的(2014)鲁民四初字第8号民事判决查明的事实，侯某原为A公司的法定代表人、股东及董事。而后，A公司将公司的法定代表人变更为鞠某某，而侯某本人也向执行法院表示其为A公司与日本水产公司案涉贸易项目的经办人，在本案执行中曾协调A公司的关联公司代为清偿本案债务，并实际负责与申请执行人沟通债务偿还方案。综合上述事实，可以认定侯某仍实际负责A公司的管理运营，并对该公司的债务清偿安排产生直接影响。此外，虽然侯某主张其积极配合法院执行工作，但其提出的债务偿还方案尚未得到申请执行人的认可，即截至目前A公司尚未履行法律文书确定的义务，且未与申请执行人达成执行和解，限制其出境有利于保障法院执行程序顺利进行，维护债权人合法权益。因此，山东高院根据日本水产公司的申请，认定侯某为A公司的主要负责人、影响债务履行的直接责任人员，在本案执行中对其采取限制出境措施具有事实和法律依据，并无不当。

六、法定代表人辞职请求变更登记

法定代表人辞职后，其与公司之间的委托合同关系业已丧失继续有效存续的基础，在其无法通过召集股东会等公司自治途径就法定代表人变更事项进行协商后作出决议，而长时期内公司也从未作出意欲变更法定代表人的意思表示。为保护法定代表人作为普通公民的合法权益,对法定代表人的变更登记事项的请求予以支持。

以上海市第一中级人民法院 2019 年的一个案件为例:

本院认为,吴某在本案中主张其已辞去 R 公司执行董事兼法定代表人职务,要求 R 公司办理工商变更登记,将其名字从"法定代表人"一栏的记录中予以涤除。本院认为,吴某上述诉讼主张可以成立,理由如下:第一,就相关法律规定而言,根据《中华人民共和国民法总则》第六十一条、《中华人民共和国公司法》第十三条第一款的立法宗旨,法定代表人作为代表公司法人进行经营活动的负责人,理应实际参与公司的经营管理,且 R 公司章程亦详细规定了担任法定代表人的执行董事应当行使的各项职权,而吴某于 2011 年 8 月至 2015 年 6 月期间仅作为 R 公司从事行政人事工作的普通员工,并未实际参与公司经营管理,故可以认定吴某仅系 R 公司名义上的法定代表人。第二,从法律关系分析,A 公司作为 R 公司唯一股东,于 2011 年 7 月 12 日通过《股东决定》委派吴某为公司法定代表人兼执行董事,而根据公司章程规定,执行董事的任期为三年,R 公司并未提供吴某在任期届满后获得连任的相关证据,且吴某在本案中提交了其早于 2015 年 6 月 9 日即向 A 公司提出辞去法定代表人的相关证据,而即使 R 公司认为未收到该辞职报告,亦可视为其已在本案诉讼中以质证的方式对此予以接收和知悉。由此可见,吴某与 R 公司及其股东 A 公司之间的委托合同关系业已丧失继续有效存续的基础。第三,再就 R 公司的经营现状来看,R 公司自 2015 年 3 月开始就处于停止经营状态,R 公司亦在答辩中称其现处于清理债权债务待注销登记阶段,且吴某早于

2015 年 3 月 20 日已将 R 公司相关证照、印章及财务账册等与 R 公司关联公司进行了全面交接。吴某并非 R 公司股东，其无法通过召集股东会等公司自治途径就法定代表人变更事项进行协商后作出决议，而直至上述交接近四年后的本案诉讼，R 公司或 A 公司也从未作出意欲变更法定代表人的意思表示。

综合考量上述三个方面的事实和理由，为保护吴某作为普通公民的合法权益，同时考虑到 R 公司目前的实际情况，本院对吴某要求 R 公司至相关部门涤除其作为法定代表人的登记事项的诉讼请求予以支持。同时，就申请变更登记的程序，本院在本判决生效后给予 R 公司三十日的期间，R 公司可于该期间内至相关部门申请变更法定代表人登记事项，吴某应予以配合。三十日届满后，R 公司如未申请变更法定代表人登记，则应及时至相关部门办理涤除法定代表人登记事项，并承担公司法定代表人登记事项被涤除后公司应承担的风险和不利后果。

第五节 证照印章

一、概述

公司证照、印章是公司外在意志的代表标志，掌控了公司印章和证照，某种程度上也就意味着掌控了公司重大的经营权和对公司的控制权。在实践中，公司股东、董事常常因为争夺公司控制权而对公司证照、印章进行争夺，或采取武力手段，或采取刑事举报，或重新私刻公章，手段多样。内部的斗争对于公司来说并非好事，极易导致公司因此陷入僵局甚至解散、破产。所以公司应健全内部的证照、印章管理制度,使证照、印章的使用管理流程化、规范化,明确规定证照、印章的使用权限、程序和事项,防止其他股东滥用,并明确滥用的责任,避免因为证照、印章保管、使用等问题产生一系列不必要的纠纷。例如,公司规章制度应规定证照、印章应当由专人保管,使用要经过一定的审批流程;公司加盖公章后,应留存加盖公章的相关材料的复印件。证照、印章原则上不得携带外出,特殊情况需外出使用时,应经一定级别的管理人员批准并办理登记手续。

关于证照印章,相关法律规定如下:

《中华人民共和国公司登记管理条例》第二十五条规定:"依法设立的公司,由公司登记机关发给《企业法人营业执照》。公司营业执照签发日期为公司成立日期。公司凭公司登记机关核发的《企业法人营业执照》刻制印章,开立银行账户,申请纳税登记。"

《深圳证券交易所上市公司规范运作指引》(2020年修订)第2.5.1条规定:"上市公司应当完善内部控制制度,确保董事会、监事会和股东大会等机构合法运作和科学决策,建立有效的激励约束机制,树立风险防范意识,培育良好的企业精神和内部控制文化,创造全体职工充分了解并履行职责的环境。公司应当建立健全印章管理制度,明确印章的保管职责和使用审批权限,并指定专人保管印章和登记使用情况。公司董事会应当对公司内部控制制度的制定和有效执行负责。"

《最高人民法院关于印发〈全国法院民商事审判工作会议纪要〉的通知》(法〔2019〕254号)第四十一条规定:"(盖章行为的法律效力)司法实践中,有些公司有意刻制两套甚至多套公章,有的法定代表人或者代理人甚至私刻公章,订立合同时恶意加盖非备案的公章或者假公章,发生纠纷后法人以加盖的是假公章为由否定合同效力的情形并不鲜见。人民法院在审理案件时,应当主要审查签约人于盖章之时有无代表权或者代理权,从而根据代表或者代理的相关规则来确定合同的效力。法定代表人或者其授权之人在合同上加盖法人公章的行为,表明其是以法人名义签订合同,除《公司法》第16条等法律对其职权有特别规定的情形外,应当由法人承担相应的法律后果。法人以法定代表人事后已无代表权、加盖的是假章、所盖之章与备案公章不一致等为由否定合同效力的,人民法院不予支持。代理人以被代理人名义签订合同,要取得合法授权。代理人取得合法授权后,以被代理人名义签订的合同,应当由被代理人承担责任。被代理人以代理人事后已无代理权、加盖的是假章、所盖之章与备案公章不一致等为由否定合同效力的,人民法院不予支持。"

《山东省高级人民法院关于审理公司纠纷案件若干问题的意见(试行)》第八十五条规定:"股东、董事、经理及他人侵占公司印鉴,公司起诉要求其返还印鉴并赔偿损失的,人民法院应予支持。前款之诉讼,以及印鉴被侵占期间公司需要参加的其他诉讼,公司以法定代表人签署之文件起诉或应诉的,人民法院应予准许。公司法定代表人变更但未办理工商登记变更手续的,新法定代表人可以持有关变更决议证明其法定代表人身份。"

《上海市高级人民法院关于印发〈关于审理公司纠纷案件若干问题的解答〉的通知》(沪高法民二〔2006〕8号)第四条规定:"因对公司印章控制权引发的纷争如何确定案件性质的问题。鉴于公司印章一般具有对外代表公司意志的表象,因此,因公司印章控制权引发的纷争,其实质涉及公司内部治理中对公司控制权的争夺,故此类案件宜作为公司纠纷案件由民商事审判庭予以管辖,而不宜作为普通的财产返还诉讼案件确定管辖。此类案件的案由可确定为损害公司权益纠纷。"

二、司法案例

规则一,营业执照、公章、财务章等公司证照、印章系公司财产,依法属于公司所有,公司证照、印章的保管权,应依公司意志处置。

以江苏省南京市中级人民法院2019年的一个案件为例:

一审法院南京市秦淮区人民法院认为:首先,关于L公司的诉讼主体资格,《中华人民共和国民事诉讼法》第四十八条规定"法人由其法定代表人进行诉讼"。虽双方对本案起诉使用的L公司公章效力存在争议,但根据前案审理情况,现L公司工商登记的法定代表人仍为朱某,故其可代表L公司提起本案诉讼。其次,张某应将L公司的营业执照正、副本及其刻制的公章、财务章返还L公司,理由如下:1.营业执照、公章、财务章等公司证照、印章系公司财产,依法属于公司所有。L公司系独立民事主体,其就证照、印章的所有权高于他人对证照、印章的保管权,其有权主张保管人返还公司证照、印章。虽张某与徐某就L公司证照、印章的保管权进行约定,但L公司并非《合作协议》一方,《合作协议》并非L公司的意思表示,该约定并不当然约束L公司并足以对抗L公司对证照、印章的所有权。2.实际控制人,是指虽不是公司的股东,但通过投资关系、协议或者其他安排,能够实际支配公司行为的人。徐某与张某签订的《合作协议》及上海市第二中级人民法院前案终审判决均确认徐某与张某两人为L公司的实际控制人,但《合作协议》亦约定了公司重大事项由徐某、张某按公司章程协商解决、决定。因此在张某存在虚假诉讼行为,损害L公司利益,徐某、张某对L公司经营管理产生严重分歧的情况下,L公司可以通过合法的公司议事规则予以处理。3.董事会是由董事组成的、对内掌管公司事务、对外代表公司的经营决策和业务执行机构,公司章程是公司组织和活动的基本准则。根据L公司章程约定,制定公司的基本管理制度系董事会的职责范围,而关于公司证照印章的保管应属公司的基本管理制度。L公司于2017年11月21日召开临时董事会,出席董事人数符合章程约定,故临时董事会作出公司证照印章由朱某负责保管并决定使用,张某无权保管、使用营业执照的决议,合法有效,应受法律保护。

南京市中级人民法院认为,L公司的营业执照正本、副本原件以及印章、财务章,均系公司财产,依法属于公司所有。虽然张某与徐某曾达成《合作协议》对L公司营业执照正本、副本原件以及印章、财务章的保管权作出约定,但是L公司并非该协议的当事人,该协议对L公司不具有约束力。张某虽然基于《合作协议》赋予的保管权可以要求徐某返还公司证照、印章等,但以此并不能否定L公司的所有权。L公司基于所有权可要求张某返还公司证照。张某、徐某仅为M公司的股东,并非L公司股东,L公司作为依法成立的有限公司,具有独立意志,M公司的意志或者张某、徐某个人意志均不能等同于L公司的意志,故L公司证照、印章的保管权,应依公司意志处置。L公司于2017年11月21日召开临时董事会,形成董事会决议,决定由朱某保管、使用公司证照、印章,在该决议的效力尚为有效并未被否定的情况下,L公司已对公司证照、印章的保管、使用作出了意思表示,应依此执行。最终驳回上诉,维持原判。

再以山东省高级人民法院2013年的一个案件为例:

一审法院山东省滨州市中级人民法院认为,本案争议的焦点问题是:(一)Z公司的诉讼主体资格是否适格;(二)Q公司、司某是否应将 Z 公司公章、营业执照等证照返还给 Z 公司。

（一）关于 Z 公司的诉讼主体资格是否适格问题。Q 公司、司某认为，Z 公司召开临时股东会并作出的决议无效，Z 公司的法定代表人仍然是司某，田某并非 Z 公司的法定代表人，其无权代表 Z 公司行使权利，其所签署的涉案民事起诉书也是无效的，Z 公司不具有本案诉讼主体资格。原审法院认为，Z 公司于 2012 年 8 月 29 日召开股东会，股东会作出决议免除司某执行董事、法定代表人职务，选举于某为公司执行董事，股东会作出决议后，在被确认无效前，该决议的效力不因股东是否认可而受到影响，于某担任公司执行董事后，聘任田某担任公司总经理、法定代表人职务，田某作为公司法定代表人有权代表公司签署起诉书，Z 公司的诉讼主体适格。Q 公司、司某的抗辩理由不能成立，不予支持。

（二）Q 公司、司某应否将 Z 公司公章、营业执照等证照返还给 Z 公司。原审法院认为，Z 公司系依法设立的有限责任公司，其公司相关证照应当由公司持有，任何个人或单位均不得自行占有相关证照。现证据表明 Z 公司的相关证照均由 Q 公司持有，公司执行董事于某聘任田某担任公司总经理、法定代表人职务，但公司因缺少相关证照无法进行经营，Q 公司应将其持有的公司印章、营业执照等相关证照返还 Z 公司，Z 公司主张 Q 公司返还公司证照的请求成立，予以支持。Q 公司辩称，Z 公司的印章、营业执照等相关证照已被于某抢走，但未提交证据予以证明，其抗辩理由不予采信。

山东省高级人民法院认为，本案 Z 公司起诉主张 Q 公司返还公司证照，而 Q 公司二审中主张股东会决议应予撤销，根据《中华人民共和国公司法》第二十二条第二款关于"股东会或者股东大会、董事会的会议召集程序、表决方式违反法律、行政法规或者公司章程,或者决议内容违反公司章程的,股东可以自决议作出之日起六十日内,请求人民法院撤销"之规定,Q公司应在法律规定的期间内另行提起公司决议撤销之诉。至二审法庭辩论终结前,Q公司并未提起公司决议撤销之诉。作为Z公司的股东,Q公司应受2012年8月29日股东会决议的约束。

本案股东会决议已产生了新的法定代表人田某,其作为公司法人的意思表示机关,对外有权以公司的名义从事法律行为,对内有权主持公司的经营管理工作。公司证照印章等作为公司财产和公司经营活动中进行意思表示的手段,应当由公司法代表人进行管理。本案Q公司持有Z公司的证照印章等,并利用持有的印章对案外人的借款提供担保,导致Z公司的工商变更登记无法进行,公司活动无法正常开展,损害了Z公司的利益,Q公司应当将上述证照印章等予以返还。一审判决认定事实清楚,适用法律正确,依法应予维持。

规则二,法定代表人是公司意志的代表机关,在公章控制人与法定代表人不一致时,应当由法定代表人行使公司意志的代表权。

以北京市第三中级人民法院2014年的一个案件为例:

北京市第三中级人民法院认为,公司是企业法人,有独立的法人财产,享有法人财产权。公司的证照是公司的合法财产,公司对其证照的所有权受法律保护,任何单位和个人不得侵犯。当公司证照由他人无权控制、占有时,公司有权要求返还。

因公司证照返还引发的纠纷,其实质往往涉及公司内部治理中对公司控制权的争夺。根据盛某的上诉理由和R公司的答辩意见,本案的争议焦点为:一、A 某是否有权代表 R 公司诉请盛某返还相关证照;二、盛某是否能够且应当返还相关证照。

第一,A 某是否有权代表 R 公司诉请盛某返还相关证照。

(一)关于 A 某身份的问题,根据现有证据,A 某在本判决作出之日仍是 R 公司的法定代表人。1. R 公司的工商登记信息显示,A 某为 R 公司法定代表人;2. 虽 A 某曾有辞职的意向,但 R 公司称其辞职未获其董事会的同意,且现无有效公司内部决议变更 A 某的法定代表人身份或任命新的法定代表人;3. A 某本人以法定代表人身份提起本案诉讼并签署相关授权委托书,本案一审庭审中 A 某本人亦到庭,现盛某无充分证据证明本案诉讼非 A 某以法定代表人身份提起。

(二)关于公司意志代表权的问题,公司法定代表人有权代表公司提起诉讼。本案中,法定代表人与公司公章控制人并非同一人,根据《中华人民共和国民事诉讼法》第四十八条第二款的规定:"法人由其法定代表人进行诉讼",法定代表人是公司意志的代表机关,在公章控制人与法定代表人不一致时,应当由法定代表人行使公司意志的代表权。在无相反证据证明下,法定代表人以公司名义作出的行为应当视为公司的行为,A 某作为 R 公司法定代表人有权代表公司提起诉讼。

(三)关于证照返还请求权的问题,A 某作为 R 公司的法定代表人有权代表 R 公司诉请公司证照返还。R 公司作为中外合资经营企业,系依法成立的有限责任公司,具有独立的法人资格,享有法人财产权。本案诉争的 R 公司的公章、合同专用章等印鉴、证照,是 R 公司的合法财产,为 R 公司维护公司正常运营所必需。R 公司当然拥有上述印鉴、证照的所有权。在公司章程等文件上没有明确限制时,A 某作为公司法定代表人有权在公司的权利能力和行为能力范围内代表公司从事民事活动,包括基于所有权请求证照返还。

第二,盛某是否能够且应当返还相关证照。

(一)关于盛某是否能够返还相关证照的问题,盛某控制和管理着 R 公司的相关证照,具有相关证照的返还能力。本案中,盛某认可其管理和控制着相关证照,但认为该管理和控制系基于职务行为。在 R 公司总经理辞职后,R 公司的日常经营及管理均由担任副总经理的盛某负责,R 公司的印鉴、证照、财务资料等虽然存放在公司办公场所,由不同人负责保管,但可认为实际由负责日常经营管理的盛某控制。大兴法院依据其作出的诉前保全裁定书,将盛某控制的 R 公司合同专用章、财务专用章、公章、组织机构代码证(副本)、营业执照(副本)(2-2)、印刷许可证以及存放在铁皮柜子中的财务资料予以查封。现盛某及 R 公司对于一审法院判决确认的盛某管理或控制的 R 公司证照的范围均未提出异议,本院亦对此不持异议,故盛某作为相关证照的实际控制人具有相关证照的返还能力。

(二)关于盛某是否应当返还相关证照的问题,盛某现无权控制和管理 R 公司的相关证照,具有相关证照的返还义务。如上所述,公司的相关证照的所有权人为公司,其他人占有或控制公司的证照应当有公司的授权。盛某主张其系依据职权具有 R 公司证照的管理和控制权,但盛某未能提交充分证据证明其对证照的管理和控制有章程规定或董事会决议等公司的有效授权。盛某虽主张其作为 R 公司副总经理代行总经理职权,且依据公司文件有权对证照进行控制或管理,但是 R 公司现并不认可盛某所提交的相关内部文件的真实性,且该文件并未经过董事会决议。现 R 公司与盛某就证照返还问题产生纠纷且公司已处于非正常经营状态,盛某在没有明确章程或有效公司内部决议授权的情况下,无权继续控制或管理相关证照。公司作为相关证照的所有权人主张返还,盛某作为相关证照的实际控制人具有相关证照的返还义务。

规则三,公司高级管理人员对公司负有忠实义务和勤勉义务。在任职期间,高级管理人员行使公司的经营管理权,掌管公司证照、印鉴章和财务账册,则其负有说明公司证照、印鉴章和财务账册去向的义务。

以江苏省高级人民法院 2013 年的一个案件为例:

> 江苏省高级人民法院认为,本案二审争议焦点为:1. 本案被上诉人诉讼主体是否适格;2. 成某、胡某是否应当返还被上诉人证照、印鉴章和财务账册。

> …………

> 第二,成某、胡某应返还 Z 公司的证照、印鉴章和财务账册。

> 公司证照、印鉴章和财务账册是公司法定代表人和其他高级管理人员行使职务的重要凭证,应归 Z 公司所有。成某、胡某在任职期间,行使 Z 公司的经营管理权,掌管公司证照、印鉴章和财务账册。根据《中华人民共和国公司法》第一百四十八条规定,成某作为 Z 公司的执行董事、法定代表人,胡某作为总经理,对公司负有忠实义务和勤勉义务。本院认为成某、胡某负有保管公司证照、印鉴章和财务账册的义务。成某、胡某对其履行保管义务的情况应承担举证责任,即负有说明公司证照、印鉴章和财务账册去向的义务。在成某、胡某未能举证证明的情况下,应视为其实际占有公

司证照、印鉴章和财务账册。成某、胡某主张其并未参与公司的实际经营管理,由其他人员直接保管证照、印鉴章和财务账册。对此,本院认为,即使由他人保管,也是受成某、胡某的指示,辅助其管领公司证照、印章和财务账册,因此仍应视为成某、胡某实际占有。

成某、胡某被免去 Z 公司的职务后,无权继续占有公司证照、印鉴章和财务账册。依据《中华人民共和国物权法》第三十四条规定,成某、胡某应当返还公司证照、印鉴章和财物账册给所有权人 Z 公司。

第六节 财务账册

一、概述

财务账册记载和反映了公司的生产经营情况和资产状况,是财务核算的依据,控制公司的财务及掌握公司的账册是取得公司控制权的重要手段,因为对于公司控制权的争夺本质上是对公司的各种资产进行争夺,包括有形的、无形的。公司的控制权一般掌握在大股东手里,那么对于小股东来说,要想在控制权争夺战取得一席之地,不至于沦为大股东争夺的牺牲品,取得对于财务账册的掌控权力十分重要。此时的小股东可以清晰地掌控公司的资产走向,不至于在发现的时候公司资产已被掏空。而且对于公司财务的掌控,可以成为保护自己的利器,可以及时发现股东利用公司进行关联交易或侵吞公司资产等不正当作为,此时的财务账册就是谈判以及向对方追责的至关重要的证据。

同时财务账册也是公司清算的依据。根据《最高人民法院关于适用〈中华人民共和国公司法〉若干问题的规定(二)》第十八条,有限责任公司的股东、股份有限公司的董事和控股股东因怠于履行义务,导致公司主要财产、账册、重要文件等灭失,无法进行清算,债权人主张其对公司债务承担连带清偿责任的,人民法院应依法予以支持。上述情形系实际控制人原因造成,债权人主张实际控制人对公司债务承担相应民事责任的,人民法院应依法予以支持。在公司应该清算时,作为清算义务人的股东如不能提供财务账册,那么公司经营情况和资产状况都将无法查清,公司财产独立性和股东有限责任的基础便不复存在,股东就有了对外部债权人承担赔偿责任的义务。

关于财务账册,法律相关规定如下:

《公司法》第九十六条规定:"股份有限公司应当将公司章程、股东名册、公司债券存根、股东大会会议记录、董事会会议记录、监事会会议记录、财务会计报告置备于本公司。"第九十七条规定:"股东有权查阅公司章程、股东名册、公司债券存根、股东大会会议记录、董事会会议决议、监事会会议决议、财务会计报告,对公司的经营提出建议或者质询。"第一百六十五条规定:"有限责任公司应当依照公司章程规定的期限将财务会计报告送交各股东。股份有限公司的财务会计报告应当在召开股东大会年会的二十日前置备于本公司,供股东查阅;公开发行股票的股份有限公司必须公告其财务会计报告。"第一百六十九条规定:"公司聘用、解聘承办公司审计业务的会计师事务所,依照公司章程的规定,由股东会、股东大会或者董事会决定。公司股东会、股东大会或者董事会就解聘会计师事务所进行表决时,应当允许会计师事务所陈述意见。"第一百七十条规定:"公司应当向聘用的会计师事务所提供真实、完整的会计凭证、会计账簿、财务会计报告及其他会计资料,不得拒绝、隐匿、谎报。"第一百七十七条规定:"公司需要减少注册资本时,必须编制资产负债表及财产清单。"

《最高人民法院关于适用〈中华人民共和国公司法〉若干问题的规定(二)》第十八条规定:"有限责任公司的股东、股份有限公司的董事和控股股东未在法定期限内成立清算组开始清算,导致公司财产贬值、流失、毁损或者灭失,债权人主张其在造成损失范围内对公司债务承担赔偿责任的,人民法院应依法予以支持。有限责任公司的股东、股份有限公司的董事和控股股东因怠于履行义务,导致公司主要财产、账册、重要文件等灭失,无法进行清算,债权人主张其对公司债务承担连带清偿责任的,人民法院应依法予以支持。上述情形系实际控制人原因造成,债权人主张实际控制人对公司债务承担相应民事责任的,人民法院应依法予以支持。"

《江苏省高级人民法院关于审理适用公司法案件若干问题的意见(试行)》第十五条规定:"股东不履行对公司义务纠纷。股东、董事、经理及其他人侵占公司印鉴、财务账册的,公司可以侵占者为被告要求其返还,并赔偿因此给公司经营造成的损失。公司公章被侵占,公司以董事长签名的诉状起诉的,应当受理,但董事长已被股东大会罢免的除外。"

《中华人民共和国会计法》第三条规定:"各单位必须依法设置会计账簿,并保证其真实、完整。"第十四条规定:"会计凭证包括原始凭证和记账凭证。"

二、司法案例

规则一,高管侵占公司证照、财务账册等材料的,公司可以侵占者为被告要求其返还。

以北京市第二中级人民法院 2013 年的一个案件为例:

北京市第二中级人民法院认为,根据《中华人民共和国公司法》第三十七条、三十八条、四十三条、四十四条的规定，股东会是有限责任公司的权力机构，股东会会议由股东按照出资比例行使表决权，股东依法通过召开股东会会议的形式对公司进行管理，有效的股东会决议对公司全体股东和高级管理人员均具有约束力。除公司合并、分立、解散或者变更公司形式的决议须经三分之二以上表决权的股东通过，其他事项的决议须经代表二分之一以上表决权的股东通过。吕某作为 B 公司股东及时任执行董事、经理，应当遵守并执行股东会决议的内容。吕某上诉称王某召开的股东会因召集人不具备资格不能被认为是合法股东会，吕某召集的股东会作出的股东会决议是有效的，本院认为，吕某于 2013 年 4 月 20 日召集的股东会由于表决权达不到出资比例未形成有效的股东会决议，王某于 2013 年 4 月 21 日作出的股东会已形成决议，虽该股东会在召集程序上存在违反法律规定及公司章程之处，但吕某并未在决议作出之日起 60 日内申请撤销该临时股东会决议，因此该决议应为有效。

根据 2013 年 4 月 21 日的股东会决议，王某已成为 B 公司新任法定代表人及执行董事，其所作出的执行董事决定书亦对公司全体人员具有约束力，根据该执行董事决定书的内容，吕某被解除经理职务，并被要求立即与新任 B 公司经理的王某进行交接。对于吕某上诉称 B 公司的公章、财务专用章、营业执照正本和副本、税务登记证书及副本、组织机构代码证书正本及副本、空白支票一本、公司财务单据一袋均不由其掌握，因此无能力返还上述证照的上诉理由，本院认为，由于吕某认可自 2013 年 2 月 27 日起至今上述证照及材料一直由 B 公司的经营层、行政部门掌管，吕某亦未向王某办理交接手续，在诉讼中吕某也提交了盖有 B 公司公章的相关材料,因此,以上事实及依据说明吕某对证照仍有实际控制,其仍然负有向 B 公司交还上述公章证照的义务,在此种情况下,B 公司诉请公司原法定代表人吕某返还公司经营所需公章、证照等文件,有事实及法律依据。一审法院据此判决吕某向 B 公司移交上述证照,并无不当,本院予以维持。

另,吕某上诉还称王某以公司名义起诉不具备诉讼主体资格。对此,本院认为,公司外部纠纷应遵从商事外观主义,以工商登记作为认定原则,由于本案系公司证照返还纠纷,系公司内部纠纷,由于原法定代表人吕某不认可股东会决议效力且未配合办理移交手续等原因,未能及时办理工商变更,以致工商登记与股东会选任的不同法定代表人同时存在,对于法定代表人的选任及判断谁能代表公司意志,应属于公司内部纠纷,应尊重公司章程规定,以公司内部有效决议文件来确定公司意志和公司意志代表。因此,王某以公司名义提起诉讼,其行为应可以代表公司意志。

规则二,股东知情权不仅指单纯地了解公司有关信息,而且包含着对公司进行检查监督的权利。仅仅查阅审计报告,股东的知情权往往落空,根本无法掌握公司的实际状况,因此审计不能代替查账并视为股东行使知情权的表现形式。

以四川省自贡市中级人民法院 2017 年的一个案件为例:

四川省自贡市中级人民法院认为,本案的争议焦点为:1. 审计能否代替查账并视为股东行使知情权的表现形式;2. 杨某请求查阅 T 公司 2014 年 7 月至 2015 年 2 月期间的账簿是否属于一事不再理的情形;3. 一审判决的查阅期限是否适当。

第一，关于审计能否代替查账并视为股东行使知情权的表现形式的问题。股东知情权是法律赋予公司股东了解公司信息的权利，股东知情权包括股东了解公司的经营状况、财务状况以及其他与股东利益存在密切关系的公司情况的权利。从形式上看，股东知情权主要表现为股东查阅公司财务会计报告、会计账簿等相关档案材料的权利，更实质地看，股东知情权不仅指单纯地了解公司有关信息，而且包含着对公司进行检查监督的权利。股东知情权是法律规定的股东享有的一项重要、独立的权利，不依附于其他股东权利而单独存在，也是股东实现其他股东权的基础性权利，是股东参与公司管理的前提和基础，公司不得限制或者剥夺股东此项权利。同时，由于审计成本较高，审计本身基于查阅的目的不同而带来范围和内容的不同，给审计带来很大不确定性，加之《中华人民共和国公司法》并无审计代替查账的相关规定，因此一般不允许股东通过审计方式行使知情权。虽然 T 公司就 2014 年 7 月 1 日至 2015 年 2 月 28 日的财务状况进行了审计，但会计账簿及记账凭证是审计报告的源泉，可以视为审计报告的附件，如果不允许查阅原始凭证，仅仅查阅审计报告，股东的知情权往往落空，根本无法掌握公司的实际状况，杨某要求进一步查账进行核实，更是其有效行使股东权利的表现形式，因此审计不能代替查账并视为股东行使知情权的表现形式。

第二，关于杨某请求查阅 T 公司 2014 年 7 月至 2015 年 2 月期间的账簿是否属于一事不再理的情形的问题。杨某在（2016）川 0322 民初 104 号案中起诉请求查阅 T 公司的账簿，一审法院以杨某与 T 公司协商一致对 T 公司财务状况进行审计即视为 T 公司客观上同意了杨某查阅账簿的请求为由，驳回了杨某的诉讼请求。

本案中，杨某再次请求查阅 T 公司的账簿，一审法院以（2016）川 0322 民初 104 号案已经作出生效判决为由，认为符合一事不再理的原则，对杨某请求查阅 T 公司 2014 年 7 月至 2015 年 2 月期间的账簿的请求不予支持。但（2016）川 0322 民初 104 号案中，生效判决未支持杨某查阅 T 公司账簿的诉讼请求主要基于杨某未履行行使股东知情权的前置程序，即未向 T 公司提出书面请求说明目的，以及 T 公司没有拒绝杨某的查账请求，但实际上杨某并未进行查阅。生效判决载明杨某可依法书面直接请求 T 公司提供查阅，现杨某向 T 公司提出书面请求后被 T 公司拒绝，杨某主张查阅 T 公司账簿的诉讼请求应当得到支持。综上，杨某请求查阅 T 公司 2014 年 7 月至 2015 年 2 月期间的账簿不属于一事不再理的情形，一审判决认定错误，应当予以纠正。

第三，关于一审判决的查阅期限是否适当的问题。虽然《中华人民共和国公司法》规定了股东可以要求查阅公司会计账簿，但为了维护公司的合法利益，限制股东滥用知情权损害公司利益，《中华人民共和国公司法》也对股东知情权的行使作出了一定限制，仅允许股东复制公司章程、股东会会议记录、董事会会议决议、监事会会议决议和财务会计报告，对于会计账簿等公司文件，没有赋予股东复制权。因此，杨某对于 T 公司的会计账簿及记账凭证仅享有查阅权，不享有复制权。鉴于杨某请求查阅的会计账簿及记账凭证时间跨度超过两年，杨某又需要具备专业知识的注册会计师的帮助，且还必须在 T 公司办公地点和正常工作时间内进行查阅，为保障杨某有效行使股东知情权，应当给予杨某更加合理的查阅期限，酌情确定查阅期限为三十个工作日。

杨某在一审的诉讼请求为请求 T 公司、罗某、林某提供 T 公司的账簿供杨某查阅，虽然罗某、林某系 T 公司的股东，但在股东知情权纠纷中，义务主体是公司，即应由 T 公司提供账簿，股东是权利主体而非义务主体，罗某、林某并无提供账簿的法定义务，因此一审判决驳回杨某对罗某、林某的诉讼请求，符合法律规定。杨某主张一审判决驳回杨某的其他诉讼请求错误的理由不能成立。

规则三，一人有限责任公司股东为一个自然人或一个法人，在缺乏股东相互制约的情况下，一人有限责任公司的股东容易利用控制公司的便利，混淆公司财产和股东个人财产，将公司财产充作私用，同时利用公司独立人格和有限责任规避债务，损害债权人利益。在此情况下，为了保护公司债权人利益，降低交易风险，《公司法》通过年度法定审计和公司人格否认举证责任倒置来加重公司和股东义务，加强对一人有限责任公司的法律规制。

以最高人民法院 2019 年的一个案件为例：

最高人民法院认为，根据各方诉辩意见，本案二审争议焦点为：韵某的个人财产是否独立于 M 公司财产。对此，本院评析如下：

《中华人民共和国公司法》第六十二条规定："一人有限责任公司应当在每一会计年度终了时编制财务会计报告，并经会计师事务所审计。"《中华人民共和国公司法》第六十三条规定："一人有限责任公司的股东不能证明公司财产独立于股东自己的财产的，应当对公司债务承担连带责任。"一人有限责任公司股东为一个自然人或一个法人，在缺乏股东相互制约的情况下，一人有限责任公司的股东容易利用控制公司的便利，混淆公司财产和股东个人财产，将公司财产充作私用，同时利用公司独立人格和有限责任规避债务,损害债权人利益。在此情况下,为了保护公司债权人利益,降低交易风险,公司法通过年度法定审计和公司人格否认举证责任倒置来加重公司和股东义务,加强对一人有限责任公司的法律规制。

本案中,首先,M公司于2017年变更为一人有限责任公司,则应当在每一会计年度结束时编制财务会计报告,并进行审计形成年度报告。现M公司未依法进行年度财务会计审计,违反法律规定的强制性义务,足以令人对M公司股东韵某的个人财产是否独立于M公司财产形成合理怀疑。

其次,M公司股东韵某提交山西财信会计师事务所晋财信财审[2019]0103号《审计报告》,用以证明公司财产与韵某个人财产相互独立。该会计师事务所出具说明称该报告系对M公司2017年1月1日至2018年12月31日期间的财务进行审计,但《审计报告》所附财务报表仅为M公司2018年12月31日资产负债表、2018年度利润表及财务报表附注等资料,不包括2017年度财务会计资料。该审计报告不能反映M公司2017年度财务状况。且在一审中一审法院要求韵某提交M公司财务账册,韵某未予提交,该《审计报告》依据的财务资料的真实性存疑,故一审法院未予采信该《审计报告》并无不当。同时,根据查明的事实,M公司在对外经营过程中,有使用韵某个人账户收取公司往来款项的情形,与公司之间的经济往来应当通过公司账户结算的会计准则相悖,且韵某未提交证据证明其收到M公司往来款项后,将该款项转付给M公司。因此,现有证据不足以证明M公司财产独立于韵某个人财产,应当由韵某承担举证不能的不利后果。

最后,本院(2016)最高法民终577号民事判决系2016年12月作出,该判决认定韵某不应对M公司债务承担连带责任的理由是Y公司提交的证据不足以证明韵某存在《中华人民共和国公司法》第二十条第三款规定的情形。但该判决作出后,相关事实发生了变化,即:M公司变更为一人有限公司;韵某以个人账户收取M公司交易往来款项;M公司未能履行前述判决确定的债务。且因M公司性质发生变化,本案与前案的举证证明责任分配亦发生变化。本案中,作为一人有限责任公司股东的韵某未能提交充分证据证明M公司财产独立于其个人财产,而M公司未能履行生效裁判文书确定的债务,债权人Y公司利益受损,一审法院追加韵某作为被执行人,符合《中华人民共和国公司法》第六十三条及《最高人民法院关于民事执行中变更、追加当事人若干问题的规定》第二十条"作为被执行人的一人有限责任公司,财产不足以清偿生效法律文书确定的债务,股东不能证明公司财产独立于自己的财产,申请执行人申请变更、追加该股东为被执行人,对公司债务承担连带责任的,人民法院应予支持"之规定。故韵某认为一审判决与本院(2016)最高法民终577号民事判决冲突的主张不能成立。

规则四,有限责任公司股东作为清算义务人承担连带清偿责任的条件有三:一是存在怠于履行清算义务的行为,二是造成无法清算的后果,三是怠于履行清算义务与无法清算的后果之间存在因果关系(财产、账册等灭失)。

小股东主张未能与大股东取得联系,作为小股东无法清算均不是作为清算义务人的免责事由。作为同一法律地位的清算义务人,股东持股比例及内部责任的分担不得对抗债权人;对于外部责任的承担,各清算义务人之间系连带责任。

债权人申请强制清算虽不受时效限制,但及时行使权利对债务人公司能否顺利进行清算及厘定清算责任有着重要影响。债权人长期未申请法院进行强制清算,放任了损失扩大,应承担一定的责任。

以甘肃省高级人民法院 2018 年的一个案件为例:

甘肃省高级人民法院认为,本案争议的焦点问题有:一、本案是否超过诉讼时效。二、A 公司、张某、B 工贸公司是否应对案涉公司债务承担连带清偿责任。

第一,关于本案是否超过诉讼时效的问题。依照《最高人民法院关于适用〈中华人民共和国公司法〉若干问题的规定(二)》第十八条的规定,作为清算义务人的公司股东怠于履行清算义务导致公司债权人损失的,公司债权人有权请求公司股东承担赔偿责任。该赔偿请求权在性质上属于债权请求权,依照《最高人民法院关于审理民事案件适用诉讼时效制度若干问题的规定》第一条的规定,债权人行使该项权利,应受诉讼时效制度约束。依照《中华人民共和国民法总则》第一百八十八条的规定,该赔偿请求权的诉讼时效应从债权人知道或应当知道权利受到损害以及义务人之日起计算。债权人依据《最高人民法院关于适用〈中华人民共和国公司法〉若干问题的规定(二)》第十八条第二款向清算义务人主张连带清偿责任的必备要件是公司出现无法清算的结果,且该结果与清算义务人的怠于履行行为存在因果关系,而公司被吊销营业执照、无财产可供执行均不同于公司无法进行清算,亦不等同于债权人对无法清算的事实及原因知晓。通常只有经过清算程序,才能认定公司是否无法清算、清算义务人是否存在过错、清算义务人的不作为与债权人的损失是否存在因果关系,债权人才能够向清算义务人主张权利。本案中,建行省分行营业部向一审法院申请对J公司与R公司进行强制清算,一审法院作出(2016)甘01民算1号、(2016)甘01民算2号民事裁定,终结对J公司、R公司的强制清算程序,并告知建行省分行营业部可请求J公司、R公司的股东、董事、实际控制人等清算义务主体对债务承担偿还责任,在建行省分行营业部收到该裁定时,才知道因清算义务人怠于履行清算义务导致无法清算的事实,其请求清算义务人承担清算赔偿责任的诉讼时效应自此起算。一审法院于2016年6月3日作出终结强制清算的裁定,建行省分行营业部在收到裁定后2017年3月30日提起本案诉讼,未超过法定诉讼时效。A公司、张某、B工贸公司认为本案超过法定诉讼时效的抗辩理由不能成立。

第二,关于A公司、张某、B工贸公司是否应对案涉公司债务承担连带清偿责任的问题。《最高人民法院关于适用〈中华人民共和国公司法〉若干问题的规定(二)》第十八条第二款规定:"有限责任公司的股东、股份有限公司的董事和控股股东因怠于履行义务,导致公司主要财产、账册、重要文件等灭失,无法进行清算,债权人主张其对公司债务承担连带清偿责任的,人民法院应依法予以支持。"依据该条规定,有限责任公司股东作为清算义务人承担连带清偿责任的条件有三:一、存在怠于履行清算义务的行为;二、造成无法清算的后果;三、怠于履行清算义务与无法清算的后果之间存在因果关系(财产、账册等灭失)。

1.是否存在怠于履行清算义务的行为。依照《中华人民共和国公司法》第一百八十条"公司因下列原因解散:……(四)依法被吊销营业执照、责令关闭或者被撤销"、第一百八十三条"公司因本法第一百八十条第(一)项、第(二)项、第(四)项、第(五)项规定而解散的,应当在解散事由出现之日起十五日内成立清算组,开始清算。有限责任公司的清算组由股东组成……"的规定,有限责任公司的清算义务人为全体股东,即不论股东的持股比例、是否对公司具有实际控制权,均为法定的清算义务人。作为清算义务人应在公司被吊销营业执照后及时组织清算,A公司、张某、B工贸公司未能在法定期限内成立清算组对公司进行清算,存在怠于履行清算义务的行为。A公司认为其作为J公司的小股东,联系不到大股东张某故无法对公司进行清算,其并未怠于履行清算义务。本院认为,依照《最高人民法院关于适用〈中华人民共和国公司法〉若干问题的规定(二)》第七条:"有下列情形之一,债权人申请人民法院指定清算组进行清算的,人民法院应予受理:(一)公司解散逾期不成立清算组进行清算的;……债权人未提请清算申请,公司股东申请人民法院指定清算组对公司进行清算的,人民法院应予受理"的规定,小股东在公司不能正常清算时有权申请人民法院进行强制清算,但从2008年《最高人民法院关于适用〈中华人民共和国公司法〉若干问题的规定(二)》实施起至2015年建行省分行营业部向一审法院申请强制清算的几年时间内,A公司未向法院申请对J公司进行强制清算,而是放任J公司不能清算的事实持续存在,其未能与大股东张某取得联系、作为小股东无法清算不是作为清算义务人的免责事由。作为同一法律地位的清算义务人,股东持股比例及内部责任的分担不得对抗债权人;对于外部责任的承担,各清算义务人之间系连带责任。依照《最高人民法院关于适用〈中华人民共和国公司法〉若干问题的规定(二)》第二十一条"有限责任公司的股东、股份有限公司的董事和控股股东,以及公司的实际控制人为二人以上的,其中一人或者数人按照本规定第十八条和第二

117

十条第一款的规定承担民事责任后,主张其他人员按照过错大小分担责任的,人民法院予以支持"的规定,没有过错的清算义务人可以在承担责任后向有过错的清算义务人主张相应权利。故 A 公司的抗辩理由依法不能成立。

2. 是否造成无法清算的后果。因 A 公司、张某、B 工贸公司逾期不成立清算组进行清算,建行省分行营业部向一审法院申请对 J 公司、R 公司进行强制清算,在强制清算程序中,A 公司、张某、B 工贸公司未在法定期限内提交用于清算的财产状况说明、债务清册、债权清册、有关财务会计报表以及支付职工工资和缴纳社会保险费用等相关资料,导致公司无法清算,一审法院裁定终结强制清算程序,故 J 公司、R 公司出现了无法清算的后果。张某虽于本案数次庭审中向法庭提交了公司账册等财务资料,A 公司、张某均认为 J 公司账册并未灭失、具备清算条件。本院认为,在强制清算程序中,未在法定期限内提交相关财务资料导致的无法清算与财务资料灭失导致的无法清算,在法律后果上并无不同,且强制清算程序已经终结,无法核实张某提交的公司账册和相应财务凭证的真实性和完整性,建行省分行营业部对此亦不予认可,故张某无法推翻一审法院终结强制清算裁定认定的 J 公司无法清算这一事实。因此,A 公司、张某的抗辩理由不能成立。

3. 怠于履行清算义务与无法清算的后果之间是否存在因果关系。一审法院以未在法定期限内收到 J 公司、R 公司用于清算的财产状况说明、债务清册、债权清册、有关财务会计报表以及支付职工工资和缴纳社会保险费用等相关资料,无法清算为由作出终结强制清算裁定,已在清算程序中初步确认了怠于履行清算义务与无法清算的后果之间存在因果关系。张某、A 公司、B 工贸公司认为未及时清算与 J 公司、R 公司财产灭失、无法进行清算之间不存在因果关系,对此应提供证据予以证明。张某虽认为 J 公司在2002 年被吊销营业执照前公司就没有财产了,但二审庭审中张某认可 J 公司租用了地毯厂厂房,2005 年地毯厂被拆迁时 J 公司机器设备仍在该厂房内。因此,从时间节点上看,J 公司被吊销营业执照时,公司机器设备等财产仍然存在。因 2002 年 J 公司被吊销营业执照时,公司股东未及时成立清算组进行清算并对公司债权债务予以清结,致放置于地毯厂厂房内的机器设备等财产在 2005 年地毯厂被拆迁时下落不明,J 公司股东怠于履行清算义务与无法清算的后果之间存在因果关系,故张某的抗辩理由不能成立。B 工贸公司作为 R 公司持股 83% 的股东,对 R 公司吊销营业执照时公司财产、账册是否存在、保管于何处均无法说明,且未能向法庭提交任何证据证明其怠于履行清算义务的行为与 R 公司无法进行清算的后果间不存在因果关系,故依法应承担相应责任。

综上,依照《最高人民法院关于适用〈中华人民共和国公司法〉若干问题的规定(二)》第十八条第二款的规定,A 公司、张某应对案涉 J 公司债务、B 工贸公司应对案涉 R 公司债务向建行省分行营业部承担连带清偿责任。

公司强制清算作为公司依法退出市场机制的重要途径之一,是公司法律制度的重要组成部分。虽然我国相关法律对申请强制清算未作出期限限制,这意味着只要公司的法人人格未依法终止,债权人及相关权利人均可申请人民法院对公司进行强制清算,但本院认为,强制清算制度设立的主要目标在保护债权人利益的同时,也在于提高社会的整体经济效率,严格而快捷地使已出现解散事由的公司退出市场,保证社会资源的有效利用。债权人申请强制清算虽不受时效限制,但及时行使权利对债务人公司能否顺利进行清算及厘定清算责任有着重要影响。本案 J 公司于 2002 年被吊销营业执照、R 公司于 2008 年被吊销营业执照,建行省分行营业部直到 2015 年才向一审法院申请强制清算,距 J 公司应进行清算的时间已逾 13 年,距 R 公司应进行清算的时间已逾 7 年。建行省分行营业部在 J 公司、R 公司清算义务人逾期未成立清算组进行清算的情形下,长期未申请法院进行强制清算,放任了损失扩大,客观上影响了强制清算程序中一审法院与 J 公司、R 公司相关股东取得及时有效的联系,也影响到公司财产、账册等重要清算资料的保存、固定,与强制清算制度所追求的高效便捷原则不符。综上,建行省分行营业部应对 J 公司、R 公司无法进行强制清算造成的后果应自行承担部分责任。综合全案情况,本院对建行省分行营业部主张的迟延履行期间的债务利息不予支持,A 公司、张某、B 工贸公司仅对兰州市公证处(2003)兰公内字第 117 号具有强制执行效力的债权文书公证书项下债务人 J 公司、R 公司应偿付建行省分行营业部的借款本金 300 万元承担连带清偿责任。

第四章
控制权保护之股权激励

第一节 股权激励概述

股权激励是指公司以本公司股份为标的,对其董事、高级管理人员及其他员工进行的长期性激励。股权激励起源于美国,其最初目的并不是提升公司的业绩表现,而是出于避税的考虑。1952 年,美国菲泽尔公司为了避免公司高管缴纳较高的个人所得税,首次推出了股权激励计划。因为当时美国资本所得税远远低于员工工资所得税,通过股权激励发放股权的方式给予员工部分工资,短期内可减免员工税收,长期来看则将员工和公司的利益绑定,实现了双赢。这一举措被视为现代股权激励的开端。①

实施股权激励将员工的利益与公司的利益紧紧绑定在一起,形成了"一荣俱荣、一损俱损"的利益共同体,使得员工能以主人翁的态度去对待工作,能够积极、自觉地完成公司目标,降低了公司的监督成本。

股权激励的对象一般是公司的高级管理人员和技术骨干、销售骨干等

---

① 扶青、谢作为:《股权激励对公司绩效影响实证研究——基于限制性股票与股票期权视角》,《财务管理研究》2020 年第 2 期。

"关键员工",股权激励对激励对象具有一定的约束力,例如不能随意辞职,有助于公司留住人才,形成稳定的局面。对于一些效益较好的公司,实施激励面比较宽的股权激励使多数员工参与到公司的利益的分享,有助于增强凝聚力,是一种不错的企业文化。

根据《上市公司股权激励管理办法(2018 修正)》,我国上市公司实施股权激励计划需注意的要点见表4-1。

表4-1   我国上市公司实施股权激励计划需注意的要点

规定款项	具体内容
实施期间	上市公司启动及实施增发新股、并购重组、资产注入、发行可转债、发行公司债券等重大事项期间,可以实行股权激励计划
禁止实施情形	上市公司具有下列情形之一的,不得实行股权激励:①最近一个会计年度财务会计报告被注册会计师出具否定意见或者无法表示意见的审计报告;②最近一个会计年度财务报告内部控制被注册会计师出具否定意见或无法表示意见的审计报告;③上市后最近 36 个月内出现过未按法律法规、公司章程、公开承诺进行利润分配的情形;④法律法规规定不得实行股权激励的;⑤中国证监会认定的其他情形
激励对象	1. 激励对象可以包括上市公司的董事、高级管理人员、核心技术人员或者核心业务人员,以及公司认为应当激励的对公司经营业绩和未来发展有直接影响的其他员工,但不应当包括独立董事和监事。外籍员工任职上市公司董事、高级管理人员、核心技术人员或者核心业务人员的,可以成为激励对象 2. 单独或合计持有上市公司 5% 以上股份的股东或实际控制人及其配偶、父母、子女,不得成为激励对象。下列人员也不得成为激励对象:①最近 12 个月内被证券交易所认定为不适当人选;②最近 12 个月内被中国证监会及其派出机构认定为不适当人选;③最近 12 个月内因重大违法违规行为被中国证监会及其派出机构行政处罚或者采取市场禁入措施;④具有《公司法》规定的不得担任公司董事、高级管理人员情形的;⑤法律法规规定不得参与上市公司股权激励的;⑥中国证监会认定的其他情形

续表4-1

规定款项	具体内容
载明事项	上市公司依照本办法制订股权激励计划的,应当在股权激励计划中载明下列事项:①股权激励的目的;②激励对象的确定依据和范围;③拟授出的权益数量,拟授出权益涉及的标的股票种类、来源、数量及占上市公司股本总额的百分比;分次授出的,每次拟授出的权益数量、涉及的标的股票数量及占股权激励计划涉及的标的股票总额的百分比、占上市公司股本总额的百分比;设置预留权益的,拟预留权益的数量、涉及标的股票数量及占股权激励计划的标的股票总额的百分比;④激励对象为董事、高级管理人员的,其各自可获授的权益数量、占股权激励计划拟授出权益总量的百分比;其他激励对象(各自或者按适当分类)的姓名、职务、可获授的权益数量及占股权激励计划拟授出权益总量的百分比;⑤股权激励计划的有效期,限制性股票的授予日、限售期和解除限售安排,股票期权的授权日、可行权日、行权有效期和行权安排;⑥限制性股票的授予价格或者授予价格的确定方法,股票期权的行权价格或者行权价格的确定方法;⑦激励对象获授权益、行使权益的条件;⑧上市公司授出权益、激励对象行使权益的程序;⑨调整权益数量、标的股票数量、授予价格或者行权价格的方法和程序;⑩股权激励会计处理方法、限制性股票或股票期权公允价值的确定方法、涉及估值模型重要参数取值合理性、实施股权激励应当计提费用及对上市公司经营业绩的影响;⑪股权激励计划的变更、终止;⑫上市公司发生控制权变更、合并、分立以及激励对象发生职务变更、离职、死亡等事项时股权激励计划的执行;⑬上市公司与激励对象之间相关纠纷或争端解决机制;⑭上市公司与激励对象的其他权利义务

续表4-1

规定款项	具体内容
设立条件	1.上市公司应当设立激励对象获授权益、行使权益的条件。拟分次授出权益的,应当就每次激励对象获授权益分别设立条件;分期行权的,应当就每次激励对象行使权益分别设立条件。激励对象为董事、高级管理人员的,上市公司应当设立绩效考核指标作为激励对象行使权益的条件 2.绩效考核指标应当包括公司业绩指标和激励对象个人绩效指标。相关指标应当客观公开、清晰透明,符合公司的实际情况,有利于促进公司竞争力的提升。上市公司可以公司历史业绩或同行业可比公司相关指标作为公司业绩指标对照依据,公司选取的业绩指标可以包括净资产收益率、每股收益、每股分红等能够反映股东回报和公司价值创造的综合性指标,以及净利润增长率、主营业务收入增长率等能够反映公司盈利能力和市场价值的成长性指标。以同行业可比公司相关指标作为对照依据的,选取的对照公司不少于3家。激励对象个人绩效指标由上市公司自行确定。上市公司应当在公告股权激励计划草案的同时披露所设定指标的科学性和合理性
股票来源	拟实行股权激励的上市公司,可以下列方式作为标的股票来源:①向激励对象发行股份;②回购本公司股份;③法律、行政法规允许的其他方式

续表 4-1

规定款项	具体内容
限制要求	1. 股权激励计划的有效期从首次授予权益日起不得超过 10 年 2. 上市公司可以同时实行多期股权激励计划。同时实行多期股权激励计划的,各期激励计划设立的公司业绩指标应当保持可比性,后期激励计划的公司业绩指标低于前期激励计划的,上市公司应当充分说明其原因与合理性 3. 上市公司全部在有效期内的股权激励计划所涉及的标的股票总数累计不得超过公司股本总额的 10%。非经股东大会特别决议批准,任何一名激励对象通过全部在有效期内的股权激励计划获授的本公司股票,累计不得超过公司股本总额的 1% 4. 本条第二款所称股本总额是指股东大会批准最近一次股权激励计划时公司已发行的股本总额 5. 上市公司在推出股权激励计划时,可以设置预留权益,预留比例不得超过本次股权激励计划拟授予权益数量的 20% 6. 上市公司应当在股权激励计划经股东大会审议通过后 12 个月内明确预留权益的授予对象;超过 12 个月未明确激励对象的,预留权益失效 7. 相关法律、行政法规、部门规章对上市公司董事、高级管理人员买卖本公司股票的期间有限制的,上市公司不得在相关限制期间内向激励对象授出限制性股票,激励对象也不得行使权益 8. 上市公司应当与激励对象签订协议,确认股权激励计划的内容,并依照本办法约定双方的其他权利义务 9. 上市公司应当承诺,股权激励计划相关信息披露文件不存在虚假记载、误导性陈述或者重大遗漏 10. 所有激励对象应当承诺,上市公司因信息披露文件中有虚假记载、误导性陈述或者重大遗漏,导致不符合授予权益或行使权益安排的,激励对象应当自相关信息披露文件被确认存在虚假记载、误导性陈述或者重大遗漏后,将由股权激励计划所获得的全部利益返还公司 11. 激励对象参与股权激励计划的资金来源应当合法合规,不得违反法律、行政法规及中国证监会的相关规定 12. 上市公司不得为激励对象依股权激励计划获取有关权益提供贷款以及其他任何形式的财务资助,包括为其贷款提供担保

续表 4-1

规定款项	具体内容
计划终止	上市公司发生本办法第七条规定的情形之一的,应当终止实施股权激励计划,不得向激励对象继续授予新的权益,激励对象根据股权激励计划已获授但尚未行使的权益应当终止行使。在股权激励计划实施过程中,出现本办法第八条规定的不得成为激励对象情形的,上市公司不得继续授予其权益,其已获授但尚未行使的权益应当终止行使

第二节　股权激励工具

一、股票期权

(一)概述

股票期权是指公司授予激励对象在未来一定期限内以预先确定的条件购买公司一定数量股份的权利。期权是给予激励对象一种自由选择的权利,其可以行使该权利,也可以放弃该权利。在签订合同时,激励对象无须支付对价,只需在行权时按照约定的价格支付对价获得股份。股票期权是不可以转让的,且在行权时会有时间以及数量的限制。整体而言,股票期权是一种较好的激励机制,对于公司来说成本较低,有利于公司资金流的管理。股票期权适用于现阶段高速发展、成长性良好、未来升值潜力较大的公司。

(二)注意要点

一是股票期权授予协议签订后不能马上行权,在此期间有一个等待期,一般不超过 4 年,在等待期过后方可行权。

二是由于股票期权是授予激励对象的一种权利,在授予时不支付对价,所以更看重激励对象过往的表现,以及后续的资格条件,同时考虑公司的发展状况。

三是股票期权作为一种激励机制,体现的是公司对特定人的认可与激励,所以其激励对象不可将该期权进行内部转让,否则激励的意义会大打折扣,造成激励对象的错位,极易造成纠纷。

《上市公司股权激励管理办法(2018 修正)》对上市公司实施股票期权激励要求见表4-2。

表4-2 《上市公司股权激励管理办法(2018 修正)》对上市公司实施股票期权激励要求

条款	具体要求
限制	激励对象获授的股票期权不得转让、用于担保或偿还债务
行权价格确定	上市公司在授予激励对象股票期权时,应当确定行权价格或者行权价格的确定方法。行权价格不得低于股票票面金额,且原则上不得低于下列价格较高者:①股权激励计划草案公布前 1 个交易日的公司股票交易均价;②股权激励计划草案公布前 20 个交易日、60 个交易日或者 120 个交易日的公司股票交易均价之一。上市公司采用其他方法确定行权价格的,应当在股权激励计划中对定价依据及定价方式作出说明
期限及行权要求	1. 股票期权授权日与获授股票期权首次可行权日之间的间隔不得少于 12 个月 2. 在股票期权有效期内,上市公司应当规定激励对象分期行权,每期时限不得少于 12 个月,后一行权期的起算日不得早于前一行权期的届满日。每期可行权的股票期权比例不得超过激励对象获授股票期权总额的 50%,当期行权条件未成就的,股票期权不得行权或递延至下期行权,并应当按照本办法第三十二条第二款规定处理

续表4-2

条款	具体要求
注销	股票期权各行权期结束后,激励对象未行权的当期股票期权应当终止行权,上市公司应当及时注销。出现本办法第十八条、第三十一条规定情形,或者其他终止实施股权激励计划的情形或激励对象不符合行权条件的,上市公司应当注销对应的股票期权

(三)股票期权激励实例

以××股份有限公司为例,该公司 2021 年股票期权激励计划(草案)要点如下。

1.授予数量

本激励计划拟向激励对象授予 1800 万份股票期权,约占本激励计划草案公告日公司股本总额 76 716.90 万股的 2.35%。其中首次授予股票期权 1560 万份,约占本激励计划拟授出股票期权总数的 86.67%,约占本激励计划草案公告日公司股本总额 76 716.90 万股的 2.03%;预留股票期权 240 万份,约占本激励计划拟授出股票期权总数的 13.33%,约占本激励计划草案公告日公司股本总额 76 716.90 万股的 0.31%。本计划下授予的每份股票期权拥有在满足生效条件和生效安排的情况下,在可行权期内以行权价格购买 1 股本公司人民币 A 股普通股股票的权利。

2.授予对象

本激励计划首次授予的激励对象共计 107 人,包括公司公告本激励计划时在公司(含子公司,下同)任职董事、高管和核心骨干人员,不含××股份独立董事、监事、单独或合计持股 5% 以上的股东或实际控制人及其配偶、父母、子女。预留激励对象指本激励计划获得股东大会批准时尚未确定但在本计划有效期间纳入激励计划的激励对象,由本计划经股东大会审议通过后 12 个月内确定。预留激励对象的确定标准参照首次授予的标准确定。

3. 等待期

激励对象获授的全部股票期权适用不同的等待期,均自授权完成登记日起计。

授权日与首次可行权日之间的间隔不得少于 12 个月。

4. 行权安排

首次授予的股票期权行权安排如表 4-3 所示。

表 4-3　首次授予的股票期权行权安排

行权安排	行权期间	行权比例
第一个行权期	自首次授予部分授权完成日起 12 个月后的首个交易日起至首次授予部分授权完成日起 24 个月内的最后一个交易日当日止	40%
第二个行权期	自首次授予部分授权完成日起 24 个月后的首个交易日起至首次授予部分授权完成日起 36 个月内的最后一个交易日当日止	30%
第三个行权期	自首次授予部分授权完成日起 36 个月后的首个交易日起至首次授予部分授权完成日起 48 个月内的最后一个交易日当日止	30%

预留部分的股票期权行权安排如表 4-4 所示。

表4-4 预留部分的股票期权行权安排

行权安排	行权期间	行权比例
第一个行权期	自预留授予部分授权完成日起12个月后的首个交易日起至预留授予部分授权完成日起24个月内的最后一个交易日当日止	50%
第二个行权期	自预留授予部分授权完成日起24个月后的首个交易日起至预留授予部分授权完成日起36个月内的最后一个交易日当日止	50%

在上述约定期间因行权条件未成就或激励对象未申请行权的股票期权,不得行权或递延至下期行权,并由公司按本激励计划规定的原则注销激励对象相应的股票期权。在股票期权各行权期结束后,激励对象未行权的当期股票期权应当终止行权,公司将予以注销。在满足股票期权行权条件后,公司将为激励对象办理满足行权条件的股票期权行权事宜。

5.行权条件

行权期内同时满足下列条件时,激励对象获授的股票期权方可行权:

①本公司未发生如下任一情形:最近一个会计年度财务会计报告被注册会计师出具否定意见或者无法表示意见的审计报告;最近一个会计年度财务报告内部控制被注册会计师出具否定意见或无法表示意见的审计报告;上市后最近36个月内出现过未按法律法规、公司章程、公开承诺进行利润分配的情形;法律法规规定不得实行股权激励的;中国证监会认定的其他情形。

公司发生上述规定情形之一的,激励对象根据本计划已获授但尚未行权的股票期权应当由公司注销。

②激励对象未发生如下任一情形：最近 12 个月内被证券交易所认定为不适当人选；最近 12 个月内被中国证监会及其派出机构认定为不适当人选；最近 12 个月内因重大违法违规行为被中国证监会及其派出机构行政处罚或者采取市场禁入措施；具有《公司法》规定的不得担任公司董事、高级管理人员的情形；法律法规规定不得参与上市公司股权激励的；中国证监会认定的其他情形。

某一激励对象出现上述规定情形之一的，公司将终止其参与本激励计划的权利，该激励对象根据本激励计划已获授但尚未行权的股票期权应当由公司注销。

③公司层面的业绩考核要求：本激励计划在 2021—2023 年会计年度中，分年度对公司的业绩指标进行考核，以达到业绩考核目标作为激励对象当年度的行权条件之一。本激励计划业绩考核目标如表 4-5 所示。

表4-5　本激励计划业绩考核目标

行权安排		业绩考核目标
首次授予的股票期权	第一个行权期	公司须同时满足下列两个条件：①以 2020 年主营业务收入为基数，2021 年主营业务收入增长率不低于 15%；②以 2020 年净利润为基数，2021 年净利润增长率不低于 5%
	第二个行权期	公司须同时满足下列两个条件：①以 2020 年主营业务收入为基数，2022 年主营业务收入增长率不低于 33%；②以 2020 年净利润为基数，2022 年净利润增长率不低于 16%

续表4-5

行权安排		业绩考核目标
首次授予的股票期权	第三个行权期	公司须同时满足下列两个条件：①以2020年主营业务收入为基数，2023年主营业务收入增长率不低于56%；②以2020年净利润为基数，2023年净利润增长率不低于33%
预留授予的股票期权	第一个行权期	公司须同时满足下列两个条件：①以2020年主营业务收入为基数，2022年主营业务收入增长率不低于33%；②以2020年净利润为基数，2022年净利润增长率不低于16%
	第二个行权期	公司须同时满足下列两个条件：①以2020年主营业务收入为基数，2023年主营业务收入增长率不低于56%；②以2020年净利润为基数，2023年净利润增长率不低于33%

行权期内，公司为满足行权条件的激励对象办理行权事宜。若各行权期内，公司当期业绩水平未达到业绩考核目标条件的，所有激励对象对应考核当年可行权的股票期权均不得行权，公司注销激励对象股票期权当期可行权份额。

④激励对象个人层面的绩效考核要求。激励对象个人层面的考核根据公司绩效考核相关制度组织实施。激励对象的个人绩效考核结果划分为"优秀""良好""合格""不合格"四个等级，对应的可行权情况如表4-6所示。

表4-6　激励对象的个人绩效考核结果划分

个人绩效考核结果	行权系数
优秀	100%
良好	100%
合格	80%
不合格	0%

个人当年可行权额度=个人当年计划行权额度×行权系数。在公司业绩目标达成的前提下,若激励对象上一年度个人绩效考核结果为"优秀""良好""合格"三个等级,则激励对象可按照本激励计划规定比例行权其获授的股票期权,激励对象不得行权的股票期权,由公司注销;若激励对象上一年度个人绩效考核结果为"不合格",则激励对象对应考核当年可行权的股票期权全部不得行权。激励对象未能行权的股票期权由公司注销。

二、限制性股份(票)

(一)概述

限制性股份(票)指公司按照预先确定的条件授予激励对象一定数量的公司股份(票),激励对象只有在达到事先确定的股权激励计划规定条件(多为工作年限或业绩目标),才可出售限制性股票并从中获益;如果未达到事先确定的条件,则公司有权将授予的股份(票)收回。

(二)注意要点

①限制性股份(票)的限制体现在获得条件和出售条件的限制。国外大多数公司是将一定的股份数量无偿或者收取象征性费用后授予激励对象,而中国《上市公司股权激励管理办法(试行)》明确规定了限制性股票要

规定激励对象获授股票的业绩条件,其中第十一条:"绩效考核指标应当包括公司业绩指标和激励对象个人绩效指标。相关指标应当客观公开、清晰透明,符合公司的实际情况,有利于促进公司竞争力的提升。上市公司可以公司历史业绩或同行业可比公司相关指标作为公司业绩指标对照依据,公司选取的业绩指标可以包括净资产收益率、每股收益、每股分红等能够反映股东回报和公司价值创造的综合性指标,以及净利润增长率、主营业务收入增长率等能够反映公司盈利能力和市场价值的成长性指标。以同行业可比公司相关指标作为对照依据的,选取的对照公司不少于3家。激励对象个人绩效指标由上市公司自行确定。"这就意味着在设计方案时对获得条件的设计只能是局限于该上市公司的相关财务数据及指标。

②限制性股份(票)的限售及解除。限制性股份(票)具有一定的限售期,一般为3年,每年解除一定比例的股份(票),激励对象的股份(票)在解除限售前不得转让、用于担保或偿还债务。解除一般包括两个层面的要求,一是公司业绩目标、财务目标等的达成,二是激励对象个人事先约定的条件的达成。

③股份来源。股份来源可以是公司预留的股权池,公司股东的股权转让,公司通过融资增资扩股等。

④激励对象应在实际认购股份(票)时即限制性股份(票)实际解除日按照《个人所得税法》及其实施条例等有关规定缴纳个人所得税。

⑤限制性股份(票)授予激励对象公司实股,在股份完全解锁后,其拥有与普通股东一样的权利,对于公司来说,约束难度增加。

《上市公司股权激励管理办法(2018修正)》对上市公司实施限制性股票激励作了规定,见表4-7。

表4-7　《上市公司股权激励管理办法(2018修正)》

对上市公司实施限制性股票激励的规定

条款	具体内容
限制	限制性股票在解除限售前不得转让、用于担保或偿还债务
授予价格确定	上市公司在授予激励对象限制性股票时,应当确定授予价格或授予价格的确定方法。授予价格不得低于股票票面金额,且原则上不得低于下列价格较高者:①股权激励计划草案公布前1个交易日的公司股票交易均价的50%;②股权激励计划草案公布前20个交易日、60个交易日或者120个交易日的公司股票交易均价之一的50%。上市公司采用其他方法确定限制性股票授予价格的,应当在股权激励计划中对定价依据及定价方式作出说明
解除要求	1.限制性股票授予日与首次解除限售日之间的间隔不得少于12个月 2.在限制性股票有效期内,上市公司应当规定分期解除限售,每期时限不得少于12个月,各期解除限售的比例不得超过激励对象获授限制性股票总额的50%。当期解除限售的条件未成就的,限制性股票不得解除限售或递延至下期解除限售,应当按照本办法第二十六条规定处理
回购	1.出现本办法第十八条、第二十五条规定情形,或者其他终止实施股权激励计划的情形或激励对象未达到解除限售条件的,上市公司应当回购尚未解除限售的限制性股票,并按照《公司法》的规定进行处理。对出现本办法第十八条第一款情形负有个人责任的,或出现本办法第十八条第二款情形的,回购价格不得高于授予价格;出现其他情形的,回购价格不得高于授予价格加上银行同期存款利息之和 2.上市公司应当在本办法第二十六条规定的情形出现后及时召开董事会审议回购股份方案,并依法将回购股份方案提交股东大会批准。回购股份方案包括但不限于以下内容:①回购股份的原因;②回购股份的价格及定价依据;③拟回购股份的种类、数量及占股权激励计划所涉及的标的股票的比例、占总股本的比例;④拟用于回购的资金总额及资金来源;⑤回购后公司股本结构的变动情况及对公司业绩的影响。律师事务所应当就回购股份方案是否符合法律、行政法规、本办法的规定和股权激励计划的安排出具专业意见

（三）限制性股份（票）激励实例

以广州市××制药股份有限公司为例。

《广州市××制药股份有限公司关于向激励对象授予限制性股票的公告》要点如下：

①股票来源。激励计划的标的股票来源为公司从二级市场回购的本公司 A 股普通股股票。

②股票数量。激励计划拟授予激励对象的限制性股票数量为 8 767 604 股，占激励计划草案公告日公司股本总额 661 476 335 股的 1.33%。

③激励对象。激励计划的激励对象共计 203 人，为公司（含子公司）董事、高级管理人员、核心技术和业务人员，不包括公司独立董事、监事和单独或合计持有公司 5% 以上股份的股东或实际控制人及其配偶、父母、子女。

④有效期。激励计划的有效期为自限制性股票授予之日起至所有限制性股票解除限售或回购注销完毕之日止，最长不超过 60 个月。

⑤限售期。激励计划授予的限制性股票的限售期分别为自授予登记完成之日起 12 个月、24 个月、36 个月。激励对象根据激励计划获授的限制性股票在解除限售前不得转让、用于担保或偿还债务。激励对象获授的限制性股票由于资本公积金转增股本、股票红利、股票拆细而取得的股份同时限售，不得在二级市场出售或以其他方式转让，该等股份的解除限售期与限制性股票解除限售期相同。

限售期满后，公司为满足解除限售条件的激励对象办理解除限售事宜，未满足解除限售条件的激励对象持有的限制性股票由公司回购注销，限制性股票解除限售条件未成就时，相关权益不得递延至下期。

解除限售安排见表 4-8。

表 4-8 解除限售安排

解除限售期	解除限售时间	解除限售比例
授予的限制性股票第一个解除限售期	自授予的限制性股票登记完成之日起 12 个月后的首个交易日起至授予的限制性股票登记完成之日起 24 个月内的最后一个交易日当日止	30%
授予的限制性股票第二个解除限售期	自授予的限制性股票登记完成之日起 24 个月后的首个交易日起至授予的限制性股票登记完成之日起 36 个月内的最后一个交易日当日止	40%
授予的限制性股票第三个解除限售期	自授予的限制性股票登记完成之日起 36 个月后的首个交易日起至授予的限制性股票登记完成之日起 48 个月内的最后一个交易日当日止	30%

⑥限制性股票解除限售的业绩考核条件。限制性股票解除限售的业绩考核条件包括两方面:一是公司层面业绩考核要求,二是个人层面业绩考核要求。

公司层面业绩考核要求。激励计划授予的限制性股票解除限售考核年度为 2019 年、2020 年、2021 年三个会计年度,每个会计年度考核一次,以达到业绩考核目标作为解除限售条件。授予的限制性股票各年度业绩考核目标如表 4-9 所示。

表 4-9 限制性股票各年度业绩考核目标

解除限售期	业绩考核目标
授予的限制性股票第一个解除限售期	以 2018 年归属母公司股东的净利润为基数,2019 年归属母公司股东的净利润增长率不低于 15.00%

续表 4-9

解除限售期	业绩考核目标
授予的限制性股票第二个解除限售期	以 2018 年归属母公司股东的净利润为基数,2020 年归属母公司股东的净利润增长率不低于 32.25%
授予的限制性股票第三个解除限售期	以 2018 年归属母公司股东的净利润为基数,2021 年归属母公司股东的净利润增长率不低于 52.09%

若公司业绩考核未达到上述条件,所有激励对象对应考核当年已获授的限制性股票均不得解除限售,由公司回购注销。

个人层面业绩考核要求。公司管理层、人力资源部和相关业务部门将负责对激励对象每个考核年度的综合考评进行打分,薪酬委员会负责审核公司绩效考评的执行过程和结果,并依照审核的结果确定激励对象解除限售的比例。

激励对象个人当年实际解除限售额度=个人当年计划解除限售额度×个人当年可解除限售的比例。

激励对象的绩效评价结果分为三个等级,考核评价表适用于考核对象。届时根据表 4-10 确定激励对象解除限售的比例。

表 4-10 激励对象解除限售比例

个人解除限售比例	评价等级
100%	A
80%	B
0%	C

激励对象考核当年不能解除限售的限制性股票,由公司回购注销。

《广州市××制药股份有限公司关于2019年限制性股票激励计划第一期解除限售股份上市流通的提示性公告》,满足解除限售条件情况如表4-11所示。

表4-11　满足解除限售条件

解除限售条件	是否达到解除限售条件的说明
公司未发生以下任一情形:①最近一个会计年度财务会计报告被注册会计师出具否定意见或者无法表示意见的审计报告;②最近一个会计年度财务报告内部控制被注册会计师出具否定意见或者无法表示意见的审计报告;③上市后最近36个月内出现过未按法律法规、公司章程、公开承诺进行利润分配的情形;④法律法规规定不得实行股权激励的;⑤中国证监会认定的其他情形	公司未发生相关情形,满足解锁条件
激励对象未发生以下任一情形:①最近12个月内被证券交易所认定为不适当人选;②最近12个月内被中国证监会及其派出机构认定为不适当人选;③最近12个月内因重大违法违规行为被中国证监会及其派出机构行政处罚或者采取市场禁入措施;④具有《公司法》规定的不得担任公司董事、高级管理人员情形的;⑤法律法规规定不得参与上市公司股权激励的;⑥中国证监会认定的其他情形	激励对象未发生相关情形,满足解锁条件
公司层面业绩考核要求:以2018年归属母公司股东的净利润为基数,2019年归属母公司股东的净利润增长率不低于15.00%	2019年经审计归属母公司股东的净利润较2018年增长41.70%,达到解锁条件
个人层面业绩考核要求:个人的绩效评价结果划分为A、B、C三个等级,解除限售的比例分别为100%、80%、0%;个人当年实际解除限售额度=个人当年计划解除限售额度×个人当年可解除限售的比例	7人离职不满足解锁条件,其余激励对象绩效考核均达标,满足解锁条件

通过上述"满足解除限售条件情况说明"可看出该公司业绩到达了解锁条件,证明限制性股票激励方式发挥了激励作用,促进了该公司业绩的提高。

三、业绩股票

(一)概述

业绩股票是以业绩作为授予条件的激励模式,指在初始设立一个业绩考核目标,如果激励对象在期限内达到预定的业绩指标(一般周期为一年),则公司授予其一定数量的股票或提取一定的奖励基金购买公司股票。如果激励对象未达到业绩指标或出现不符合资格条件情形,如具有损害公司利益的行为、非正常情形下离职,则其未兑现部分的业绩股票将被取消。

业绩股票是限制性股票的一种,但业绩股票多为完成既定业绩目标后授予,而限制性股票则一般为当期授予。

(二)注意要点

一是业绩股票能够促使激励对象努力完成业绩指标,成为公司股东后,则与公司绑定,有共同的利益,约束作用较强。但激励成本较高,有可能造成公司现金流的压力。

二是公司实施激励计划时完善包括绩效考核、人事、财务、内部审计等在内的相关配套制度,则激励效果更加明显。

三是在实施激励计划时应注意综合考虑激励范围和激励力度。激励范围和激励力度太大,则公司的成本会增加,现金流的压力加大;激励范围和激励力度太小,则激励效果不明显,达不到实施激励的初衷。

(三)业绩股票激励实例

以××企业股份有限公司(简称 J 公司)为例。J 公司董事会于 2006 年

3 月 17 日审议通过了《J 公司首期(2006—2008 年)限制性股票激励计划(草案)》,主要包括以下几项内容。

1. 激励期限

首期股票激励计划的期限为 3 年,自 2006 年至 2008 年。

2. 激励对象

激励对象为于 J 公司受薪的董事、监事、高层管理人员、中层管理人员、由总经理提名的业务骨干和卓越贡献人员,累计人数不超过 J 公司专业员工总数的 10%;激励对象名单在每次限制性股票归属前根据业绩考核评价结果进行确定,报董事会薪酬与提名委员会备案,并经监事会核实。

3. 激励模式

J 公司在达成一定业绩目标的前提下,按当年净利润净增加额的一定比例提取一定的激励基金。通过信托管理的方式,委托信托公司在特定期间购入 J 公司上市流通 A 股股票,经过储备期和等待期,在 J 公司 A 股股价符合指定股价条件下,将购入的股票奖励给激励对象。

4. 业绩条件

J 公司年净利润增长率超过 15% 且全面摊薄的年净资产收益率超过 12% 时,其中:净利润及净资产收益率的计算依据为扣除非经常性损益后净利润与扣除前的净利润之中的低者;净利润和净资产收益率均为扣除提取激励基金所产生的费用后的指标。

5. 年度激励基金的提取额度

当 J 公司净利润增长率超 15% 但不超过 30% 时,以净利润增长率为提取百分比、以净利润净增加额为提取基数,计提当年度激励基金;当 J 公司净利润增长比例超过 30% 时,以 30% 为提取百分比、以净利润净增加额为提取基数,计提当年度激励基金;计提的激励基金不超过当年净利润的 10%。

6. 激励基金的提取方法

激励基金采取预提方式操作。以上一年度的净利润净增加额为基数,按30%的比例预提当年激励基金;在当年年度报告公告之日,如果当年业绩指标达到激励基金提取条件,则J公司再根据审计结果,对上一年度预提的激励基金少提或多提的差额进行调整,以符合上一年度实际应提取的金额,同时预提下一年度激励基金;2008年年报公告日则只对上一年度预提的激励基金少提或多提的差额进行调整,而不再预提激励基金。如果当年业绩指标未达到激励基金提取条件,J公司将委托信托公司售出使用当年预提激励基金所购入的全部J公司A股股票,并将股票出售所得资金返还J公司。

7. 激励结果

J公司此次的股权激励计划因为行权条件的问题并没有继续推行下去:2006年,王某获得激励股票;2007年,J公司业绩达标但股价未达标;2008年,J公司业绩也未达标,股权激励计划也就此终止。

四、延期支付

(一)概述

延期支付是指公司将激励对象的部分薪酬,特别是年度奖金、股权激励收入等按当日公司股票市场价格折算成股票数量,存入公司为激励对象单独设立的延期支付账户。在预定的期限届满后或在该激励对象退休后,以公司股票形式或根据期满时的股票市场价格以现金方式支付给激励对象。

延期支付将激励对象的利益与公司的业绩紧密关联起来,如果折算后存入延期支付账户的股票市价在兑现时上升,则激励对象就可以获得收益;如果股票市价跌降,激励对象的利益就会受损。

（二）注意要点

一是延期支付将当下应支付的激励标的暂存于专户中，未来激励对象条件符合（无损害公司利益情形，符合绩效考核条件等）进行兑付，在一定程度上缓解了公司资金流的压力，有利于公司将资金用于经营管理，同时也增加了激励对象的离职成本，对激励对象产生了一定的约束作用。但如果激励额度不够、时间线又太长、当期利益无法及时兑付，会使激励效果大打折扣。

二是延期支付是一种中长期的激励计划，适用于员工对公司信任、业绩稳定、处于成长期和成熟期公司。

（三）延期支付激励实例

以福建××集团股份有限公司（简称 K 公司）为例。

K 公司曾使用延期支付模式对完成考核指标的管理层进行"效益薪金"奖励。在此方案中，K 公司高层领导的薪酬结构采用多元化组合方式，由年薪、股票、福利三部分构成，延期期限为任职期限。

公司总裁除了拿年薪外，还能根据上一年度的"综合业绩"（完成的利润指标及对公司长远发展的贡献等）来确定"效益薪金"，而且70%的效益薪金要用于购买本公司股票。

公司高级管理人员和下属公司经理人员实行按净利润5%提取效益薪金的制度，效益薪金的70%再用于购买本公司股票，并锁定用于企业风险抵押。

外贸等子公司经理人员，按公司注册资本10%～30%的比例持虚股（只有分红权，没有实际所有权），然后再将所得红利的70%转为其个人对公司的实际出资，使虚股转为实股，逐步使子公司经营者个人实际出资达到公司注册资本的10%～30%。

控股子公司经营者实行"持股经营"，持股比例从5%到30%不等。对于有经营管理能力而资金不足的经营者,公司先给其10%的"干股";若经营得好,来年的红利全额用于"填空"。经过多年努力,逐步变"干股"为"实股",一直到规定的限额为止。

K公司在集团公司与子公司之间采用了不同的激励方法,集团公司的高级管理人员采取了效益薪金制度,子公司经营者则是持股经营。这种方式的优点是:首先,成功解决了经营者对持股的现金要求,缓解了公司现金流紧张的局面;其次,使经营者除了基本收入外,还增加了一部分风险收入,更能体现经营者的价值;再次,这种模式将经营者的个人发展和企业发展结合起来,可以有效减少经营者的短期行为;最后,如果以现金形式大幅提高经营者的薪资水平,容易引发职工不满,改为现金加期股,可以在一定程度上缓解企业内部的薪资矛盾。

五、虚拟股权

(一)概述

虚拟股权顾名思义并非真正的股权,是指公司授予激励对象虚拟化的股权,被激励对象不需出资,在满足条件的情况下,可以享受公司价值的增长,利益的获得需要公司支付。持有虚拟股权的人并不是法律意义上的股东,没有虚拟股票的表决权、转让权和继承权,只有财产收益权(股票增值权或在职分红权),不会登记在公司股东名册上,也不会体现在工商登记系统中。

(二)注意要点

一是虚拟股权激励对象只享受财产收益权,不能转让和出售,在离开公司时自动失效,不享有真正的股东权利(如表决权、分配权等),既可以达到员工激励的目的,又不会影响公司的股权结构和创始股东的控制权,同时操作便宜,无须进行股东变更登记,是一种很好的激励手段。

二是虚拟股权的激励模式对公司现金流要求较高,现金流不充裕的公司将会有一定的财务上的压力。

(三)虚拟股权实例

以××投资控股有限公司(简称 L 公司)为例。

查询 L 公司工商信息(截至 2021 年 4 月 22 日),L 公司工会委员会持股99.1235%,任某某持股 0.8765%。

但这显然不能解释这家公司的真正所有人。在 L 公司深圳总部的一间密室里,有一个玻璃橱柜,里面放了 10 本蓝色的册子。这些册子有助于回答一个问题:谁是这家中国大型电信设备企业的真正所有者。在这些厚达数厘米的册子里记录着约 80 000 名员工的姓名、身份证号码以及其他个人信息。

L 公司表示,根据一项"员工股票期权计划",册中的员工持有公司约99%的股份。

1.虚拟股份的来源

每年,表现优异的 L 公司员工会被主管叫到办公室里去,他们通常会得到一份合同,告知他们今年能够认购多少数量公司股票。这份合同不能被带出办公室,签字完成之后,必须交回公司保管,没有副本,也不会有持股凭证,但员工通过一个内部账号,可以查询自己的持股数量。同时,这些员工不会在工商登记上出现,其股权全部由 L 公司工会代持。从本质上来说,这只是 L 公司单方认可的员工股权,不是法律上员工具有所有权的股权,而是 L 公司和员工通过契约方式约定的一种虚拟股权。

虚拟受限股(下称虚拟股),是 L 公司工会授予员工的一种特殊股票。拥有虚拟股的员工,可以获得一定比例的分红,以及虚拟股对应的公司净资产增值部分,但没有所有权、表决权,也不能转让和出售。在员工离开企业时,股票只能由 L 公司控股工会回购。

经过十多年的连续增发,L 公司虚拟股的总规模已达到惊人的 134.5 亿股,在 L 公司内部,超过 8 万人持有股票,收益相当丰厚。

2. L 公司虚拟股权的历史沿革

1987 年,任某某与 5 位合伙人共同投资成立深圳市××技术有限公司(L 公司前身),注册资本仅 2 万元。当时,6 位股东均分股份。

1990 年,L 公司员工开始以每股 1 元的价格购入公司股票。当时每个持股员工手中都有 L 公司所发的股权证书,并盖有 L 公司资金计划部的红色印章。虽然,L 公司的净资产一直在增长,但每股 1 元的认购价格一直延续到 2001 年。在 L 公司早期不能上市,获取银行融资较为困难的初期,L 公司依靠这种内部融资的方式渡过了难关。1997 年,L 公司的注册资本增加到 7005 万元,增量全部来自员工股份。

1997 年,L 公司对股权结构进行了改制。改制前,L 公司的注册资本为 7005 万元,其中 688 名 L 公司员工总计持有 65.15% 的股份,而其子公司×× 新技术公司(以下简称 M 公司)的 299 名员工持有余下的 34.85% 股份。改制之后,M 公司、M 公司工会以及 L 公司工会分别持有 L 公司 5.05%、33.09% 和 61.86% 的股份。1997 年改制时,L 公司和 M 公司的股东会议决定,两家公司员工所持的 L 公司股份分别由两家公司工会集中托管,此后,到 1999 年 6 月,L 公司工会以现金收购了 M 公司所持的 5.05% 股份,同时收购了 M 公司工会所持有的 21.24% 的 L 公司股份。至此,L 公司两家股东——L 公司工会和 M 公司工会,分别持有 88.15% 和 11.85% 的股份。

2000 年,L 公司董事会决定,将 M 公司工会持有的 11.85% 的股权并入 L 公司工会,任某某独立股东的地位第一次得到确认。L 公司将任某某所持的 3500 万元股份单独剥离,并在工商局注册登记,他单独持有 1.1% 的股份,其余股份全部由 L 公司工会持有。这种由任某某与 L 公司工会并立的结构一直延续至今天。

2003 年,L 公司再次进行配股。这次配股与 L 公司以前每年例行的配股方式有三个明显差别:一是配股额度很大,平均接近员工已有股票的总和;二是兑现方式不同,往年积累的配股即使不离开公司也可以选择每年按一定比例兑现,一般员工每年兑现的比例最大不超过个人总股本的四分之一,对于持股股份较多的核心员工每年可以兑现的比例则不超过十分之一;三是股权向核心层倾斜,即骨干员工获得配股额度大大超过普通员工。

此次配股规定了一个 3 年的锁定期,3 年内不允许兑现,如果员工在 3 年之内离开公司的话则所配的股票无效。L 公司同时也为员工购买虚拟股权采取了一些配套的措施:员工本人只需要拿出所需资金的 15%,其余部分由公司出面,以银行贷款的方式解决。自此改革之后,L 公司实现了销售业绩和净利润的突飞猛涨。

3. L 公司虚拟股权的法律性质

2001 年,深圳市政府颁布了新的《深圳市政府内部员工持股规定》,适用范围扩大到了民营企业。该规定明确规定:员工持股会(下称持股会)负责员工股份的托管和日常运作,以社团法人登记为公司股东。持股会要设置员工持股名册,对员工所持股份数额、配售和缴款时间、分红和股权变化情况均需记录。在调离、退休以及离开公司时,将由持股会回购股份,所回购的股份会转作预留股份。

虽然暂行规定中指出,股票的回购价格是上年的每股净资产价格。但 L 公司因为长期实行 1 元每股的认购价格,因而也长期实行了每股 1 元回购的做法。这给 L 公司在 2003 年带来一场诉讼,也由此让外界真正窥见 L 公司股权的定价机制。

L 公司的两位资深员工——刘某和黄某将 L 公司告上法庭。理由就是 L 公司不是以每股净资产价格回购股票。两位员工同时还认为,L 公司所用作增资的应付红利中也应有自己的利益,他们应按照同股同权的原则享有股权的增值。

最终,深圳市中院和广东省高院判两位员工败诉。

广东省高院认为:因为 L 公司员工的股份没有在工商登记——按照规定,股份有限公司的登记只限于发起股东,非发起股东不需要登记,因此当时除副总裁纪某外,其余员工股东全部未在工商部门进行记名登记。所以关键的证据是 L 公司与员工之间的合同,L 公司工会的持股数只能作为参考,原告的主张"没有契约依据和法律依据"。

这一案件引起了国内的法律界和企业家阶层的广泛讨论。刘某、黄某案的认定意味着员工与公司之间只是合同关系,而非股东与公司的关系。

在 L 公司股票诞生起,L 公司员工手中的股票与法律定义的股权就不相同,员工不是股东,而工会才是股东,员工享有的只是某种意义上的合同利益或者权益,而非股权。此时的"员工持股制度"更近乎一种分红激励和融资手段。

4. 员工持股的股权激励制度

在两位员工发难之前,L 公司其实已经决意改变实行了十年的员工持股方案。

1998 年,L 公司高层赴美考察期权激励和员工持股制度,一种名为虚拟股的激励制度进入其视野。虚拟股的体系当中,明确了持股人没有所有权、表决权,且这种股票不必经过证券行业监督管理部门烦琐的审批程序,非上市公司的虚拟股体系也避免了公开市场所带来的股价的波动影响。

2001 年 7 月,L 公司股东大会通过了股票期权计划,推出了《L 公司虚拟股票期权计划暂行管理办法》。

然而,因为 L 公司不是上市公司,L 公司的虚拟股体系没有公开市场的价格体系参照,L 公司采取的是每股净资产的价格,相关净资产的计算参照四大审计师事务所之一的公司的审计报告。但具体的计算方式并不公开，即使L公司的高层员工也不得而知。

推出虚拟受限股之后，L公司员工所持有的原股票被逐步消化吸收转化成虚拟股，原本就不具实质意义的实体股明确变为虚拟股。L公司股票在虚实之间的悄然转换，意味着其在治理结构上已经从一家号称全员持股公司变成由两个实体股东所控制的公司。

5. 股权激励的作用

L公司一直都强调自己是100%由员工持有的民营企业。但准确的表达，应该是L公司的股份100%为员工持有，但不是100%的员工持有L公司的股份。

2008年，L公司微调了虚拟股制度，实行饱和配股制，即规定员工的配股上限，每个级别达到上限后，就不再参与新的配股。这一规定使得手中持股数量巨大的L公司老员工们配股受到了限制，但是有利于激励L公司新员工们。同时，L公司出台了许多具体措施去识别"奋斗者"。

L公司虚拟股权的另一个作用——获得融资。

虚拟股制度实行之后，L公司的这套分红激励体系一路发展顺利——通过虚拟股增发的形式，L公司获得了大量的资金。自2004年开始至2011年，L公司控股工会和任某某两家股东新增持股63.74亿股，总计增资275.447亿元。

L公司每年度发行股票数额，均由两个实体股东按当年每股净资产购买，然后，控股工会再发行等比例虚拟股出售给"奋斗者"们。2004年至今，L公司员工以购买虚拟股的形式通过L公司工会增资超过260亿元。

可见，L公司虚拟股融资的制度要比上市公司期权股权激励更具效果。上市公司股权激励，只能发行新股，或者既有股东出让老股，资源有限，而且要经过股东大会批准，操作起来成本很高。虚拟股则可以无限增加，股票来源不是问题。另外,内部发行几乎没有监管成本。

6.股权资金来源与银行

自2001年始实施虚拟股制度起,L公司员工在签订股权协议的同时,这些"幸运儿"还会签署另外一份合同:四大银行的深圳分行每年为他们提供数量不等的"个人助业贷款",数额从几万到几十万元甚至更高,这些贷款一直被L公司员工用于购买股票。据统计,四家商业银行总计为L公司员工提供股票贷款高达上百亿元,直到2011年被叫停。

L公司员工持股制度的设立,遵循的是深圳市政府关于"内部员工持股"的系列规定。1994年颁布的《深圳市国有企业内部员工持股试点暂行规定》明确提到,可以由公司非员工股东提供担保向银行或者资产经营公司贷款。L公司是民营企业,但其员工持股制度方案经过了深圳市体改办的批准。2001年颁布的《深圳市公司内部员工持股规定》,更将适用范围扩大到了民营企业。

四大银行叫停虚拟股贷款的起因,是审计署的一份报告:商业银行对L公司员工的"个人助业贷款"用于内部配股,该行为属违规行为,风险巨大。而银保监会在调查后,明令四家商业银行暂停发放L公司虚拟股贷款。此外,L公司以个人助业贷款"助力"公司配股,与中国人民银行发布的《贷款通则》中的第三条"不得用贷款从事股本权益性投资"以及第四条"不得用贷款在有价证券、期货等方面从事投机经营"规定也不符。

2012年3月31日,L公司董事会秘书处向L公司员工发布通知,明确2012年虚拟受限股只能通过自筹资金购买,银行将不会再提供购买股票所需的贷款。但此时,L公司早已经渡过资金最艰难的时候了。

L公司的虚拟股权的激励方式具有特殊性,是基于历史形成的,可借鉴,不可全盘照搬。

六、股票增值权

(一)概述

股票增值权是一种虚拟股权激励方式,在激励对象满足事先约定的条件下,公司以公司股票增值部分(=期末股票市价-约定价格)授予激励对象一笔报酬。股票增值权是公司授予激励对象享受股票增值差额的权利,该差额即激励额度。

(二)注意要点

一是股票增值权是一种虚拟股权激励方式,而非实股激励,激励对象不享有股东身份,不会影响公司的股本结构与治理。

二是激励标的的支付具有延期性,加大了激励对象的离职成本,具有一定的约束力。

三是激励对象无须支付对价,激励效果较好。

四是股票增值权的收益来源于公司提取的基金,公司现金支付压力大。故适用于现金流充足、股价稳定的公司。

(三)股票增值权激励实例

以××半导体设备(上海)股份有限公司为例。

《××半导体设备(上海)股份有限公司 2020 年股票增值权激励计划(草案)》(2020 年 3 月)包括以下几个方面的内容。

1. 激励方式及股票来源

本激励计划采用的激励工具为股票增值权,由于股票增值权计划不涉及实际股票,以××半导体设备(上海)股份有限公司 A 股普通股股票作为虚拟股票标的。

2. 激励对象范围

本计划激励对象为公司董事、高级管理人员，共计 6 人。所有激励对象均须在公司授予股票增值权时以及在本计划的考核期内与公司具有聘用或劳动关系。

3. 有效期

本计划有效期为股票增值权授予完成之日起至所有股票增值权行权或作废处理之日止，最长不超过 60 个月。

4. 等待期

等待期指股票增值权授予完成之日至股票增值权可行权日之间的期限，本计划等待期为 12 个月。

5. 行权安排

本计划授予的股票增值权自本期激励计划授予完成之日起满 12 个月后，激励对象应在未来 48 个月内分四期行权。本次授予增值权行权期及各期行权时间安排如表 4-12 所示。

表 4-12　授予增值权行权期及各期行权时间安排

行权期	行权时间	行权比例
第一个行权期	自授予完成之日起 12 个月后的首个交易日起至授予完成之日起 24 个月内的最后一个交易日当日止	25%
第二个行权期	自授予完成之日起 24 个月后的首个交易日起至授予完成之日起 36 个月内的最后一个交易日当日止	25%
第三个行权期	自授予完成之日起 36 个月后的首个交易日起至授予完成之日起 48 个月内的最后一个交易日当日止	25%
第四个行权期	自授予完成之日起 48 个月后的首个交易日起至授予完成之日起 60 个月内的最后一个交易日当日止	25%

本计划有效期结束后,已获授但尚未行权的股票增值权不得行权,未行权部分的股票增值权由公司作废处理。

6. 可行权日

在本计划通过后,授予的股票增值权自授予完成之日起满 12 个月后可以开始行权。可行权日必须为交易日,但不得在下列期间内行权:

①公司定期报告公告前三十日内,因特殊原因推迟定期报告公告日期的,自原预约公告日前三十日起算,至公告前一日;

②公司业绩预告、业绩快报公告前十日内;

③自可能对本公司股票及其衍生品种交易价格产生较大影响的重大事件发生之日或者进入决策程序之日,至依法披露后两个交易日内;

④中国证监会及上海证券交易所规定的其他期间。

激励对象必须在股票增值权有效期内行权完毕,计划有效期结束后,已获授但尚未行权的股票增值权不得行权。

7. 行权条件

激励对象获授股票增值权须同时满足以下行权条件方可分批次办理行权事宜:

①公司未发生如下任一情形:最近一个会计年度财务会计报告被注册会计师出具否定意见或者无法表示意见的审计报告;最近一个会计年度财务报告内部控制被注册会计师出具否定意见或者无法表示意见的审计报告;上市后最近 36 个月内出现过未按法律法规、公司章程、公开承诺进行利润分配的情形;法律法规规定不得实行股权激励的;中国证监会认定的其他情形。

②激励对象未发生如下任一情形:最近 12 个月内被证券交易所认定为不适当人选;最近 12 个月内被中国证监会及其派出机构认定为不适当人选;最近 12 个月内因重大违法违规行为被中国证监会及其派出机构行政处罚或者采取市场禁入措施;具有《公司法》规定的不得担任公司董事、高级管理人

员情形的;法律法规规定不得参与上市公司股权激励的;中国证监会认定的其他情形。

公司发生上述第①条规定情形之一的,所有激励对象根据本激励计划已获授但尚未行权的股票增值权不得行权,并作废失效;若公司发生不得实施股权激励的情形,且激励对象对此负有责任的,或激励对象发生上述第②条规定的不得行权的情形,该激励对象已获授但尚未行权的股票增值权不得行权,并作废失效。

③激励对象满足各行权期任职期限要求。激励对象获授的各批次股票增值权在行权前,须满足 12 个月以上的任职期限。

④满足公司层面业绩考核要求。本激励计划考核年度为 2020—2023 年四个会计年度,每个会计年度考核一次。以 2016—2018 年的营业收入均值为基础,根据各考核年度的营业收入累计值定比 2016—2018 年营业收入均值的年度累计营业收入增长率,确定各年度的业绩考核目标对应的行权批次及公司层面行权比例。假设每个考核年度的实际营业收入增长率为 X,各年度业绩考核目标安排如下表 4-13 所示。

表 4-13　年度业绩考核目标安排

行权期	对应考核年度	该考核年度使用的营业收入累计值	业绩考核目标	公司层面行权比例
第一个行权期	2020	2019 年、2020 年两年营业收入累计值	X≥255%	100%
			200%≤X<255%	80%
			X<200%	0
第二个行权期	2021	2019 年、2020 年和 2021 年三年营业收入累计值	X≥460%	100%
			370%≤X<460%	80%
			X<370%	0

续表4-13

行权期	对应考核年度	该考核年度使用的营业收入累计值	业绩考核目标	公司层面行权比例
第三个行权期	2022	2019年、2020年、2021年和2022年四年营业收入累计值	X≥700%	100%
			560%≤X<700%	80%
			X<560%	0
第四个行权期	2023	2019年、2020年、2021年、2022年和2023年五年营业收入累计值	X≥980%	100%
			800%≤X<980%	80%
			X<800%	0

⑤满足激励对象个人层面绩效考核要求。激励对象的个人层面绩效考核按照公司现行目标管理(MBO)规定组织实施,并依照激励对象的考核结果确定其实际行权的股份数量。激励对象的绩效考核结果划分为五个档次,届时根据考核评级表(见表4-14)中对应的个人层面行权比例确定激励对象的实际行权的股份数量。

表4-14 激励对象的绩效考核结果及考核评级

考核评级	行权比例
MBO≥1	100%
0.9≤MBO<1	90%
0.8≤MBO<0.9	80%
0.7≤MBO<0.8	70%
MBO<0.7	0

激励对象当年实际行权的股票增值权数量=个人当年计划行权的数量×公司层面行权比例×个人层面行权比例。

激励对象当期计划行权的股票增值权因考核不能行权或不能完全行权的,应作废失效处理,不可递延至下一年度。

七、在职分红权

(一)概述

在职分红权是一种虚拟股权,是公司授予激励对象享受公司的税后利润分配权利,激励对象并不具有股东资格,不享有股权所有权(不能转让、出售、抵押等股权处置权),不会登记在公司股东名册上,也不会体现在工商登记系统中,同时,"在职"意味着离职后不再享有该分红权。

(二)注意要点

在职分红适合公司进行长期激励,激励对象的分红与公司的整体业绩以及未来发展密切相关。同时在职分红的权利来源于股东对相应股权收益的让渡,故与原有股东所有权对接。

但是在职分红中激励对象不享有实权,激励效果会有所削弱,故一般后期与实股激励相结合运用,效果会更好。

(三)在职分红实例

以北京×××新材料股份有限公司为例。

北京×××新材料股份有限公司在 2015 年 5 月通过了虚拟股权激励方案,该激励方案为虚拟股权下的在职分红方案。

1.定义

虚拟股权指公司授予被激励对象一定数额的虚拟股份,被激励对象不需出资而可以享受公司价值的增长,利益的获得需要公司支付。被激励者没有虚拟股票的表决权、转让权和继承权,只有拟制分红权(即获得与虚拟股权收益金额相等的激励基金)。

2. 授予对象

虚拟股权授予对象参照如下标准确定：①在公司的历史发展中作出过突出贡献的人员；②公司未来发展急需的人员；③年度工作表现突出的人员；④其他公司认为必要的标准。

授予范围包括公司高级管理人员、中层管理人员、业务骨干以及对公司有卓越贡献的新老员工等。

3. 授予数量

虚拟股权的授予数量，根据虚拟股权激励对象所处的职位确定股权级别及其对应基准职位股数（经董事会表决同意后基准职位股数可按年度调整），根据个人能力系数和本司工龄系数确定计划初始授予数量，根据年终绩效考核结果确定当年最终授予虚拟股权数量。

虚拟股权的初始授予数量=基准职位股数×能力系数×本司工龄系数。

虚拟股权的最终授予数量=虚拟股权的初始授予数量×绩效考核系数。

4. 股权级别及职位股数确定

股权级别及职位股数见表4-15。

表4-15　股权级别及职位股数

股权级别	评定标准	基准职位股数/股
1级	通过按指令能基本完成本岗位的工作任务	10 000
2级	能够独立、合格地完成本岗位的工作	15 000
3级	通过自己的技术专长或团队管理能较好地完成本岗位的工作	20 000
4级	通过他人或团队管理能完成工作目标，业绩卓越且能保持团队稳定	25 000

5.业绩目标

公司以年度营业利润作为业绩考核指标。设定的每年业绩目标为年度营业利润增长率不低于20%（含20%）。上述业绩目标作为确定是否授予年度分红权激励基金的基准指标。在计算确定上述作为业绩目标的营业利润时，涉及本方案所产生的应计入考核年度的成本费用不予扣除。

6.年度激励基金总额

每年以业绩目标作为确定是否授予股权激励基金的考核基准指标。在实现公司业绩目标的情况下，按照公司该年度扣除非经常性损益后净利润和虚拟股权占比核算和提取股权激励基金，即当年激励基金总额=考核年度扣除非经常性损益后净利润×加权虚拟股权总数÷加权实际总股本。

7.虚拟股权的每股现金价值

每股现金价值=当年激励基金总额÷实际参与分红的虚拟股权总数。

8.分红办法和分红现金数额

将每股现金价值乘以激励对象持有的虚拟股权数量，就可以得到每一个激励对象当年的分红现金数额。

个人实际可分配虚拟股红利=虚拟股权每股现金价值×虚拟股股数。

9.虚拟股份退出

从激励对象离职或被解雇之日起所授予虚拟股份自动丧失，不再享有任何分红权。

八、员工持股计划

（一）概述

员工持股计划（Employee Stock Option Plan，简称 ESOP），是指上市公司根据员工意愿，通过合法方式使员工获得本公司股票并长期持有，股份权益按约定分配给员工的制度安排。员工持股计划的参加对象为公司员工，包括管理层人员。员工持股计划兴起于 20 世纪 50 年代的美国,根源于路易斯·凯尔索(Louis Kelso)的扩大资本所有权思想。[1]

员工持股计划分为非杠杆型员工持股计划与杠杆型员工持股计划。

非杠杆型的员工持股计划是指由公司每年向该计划贡献一定数额的公司股票或用于购买股票的现金。这个数额一般为参与者工资总额的 25%,当这种类型的计划与现金购买退休金计划相结合时,贡献的数额比例可达到工资总额的 25%。这种类型计划的要点是:由公司每年向该计划提供股票或用于购买股票的现金,职工不需做任何支出;由员工持股信托基金会持有员工的股票,并定期向员工通报股票数额及其价值;当员工退休或因故离开公司时,将根据一定年限的要求相应取得股票或现金。

杠杆型的员工持股计划主要是利用信贷杠杆来实现的。这种做法涉及职工持股计划基金会、公司、公司股东和贷款银行四个方面:先成立一个职工持股计划信托基金,然后由公司担保,由该基金出面,以实行职工持股计划为名,向银行贷款购买公司股东手中的部分股票,购入的股票由信托基金掌握,并利用因此分得的公司利润及由公司其他福利计划(如职工养老金计划等)中转来的资金归还银行贷款的利息和本金。

随着贷款的归还,按事先确定的比例将股票逐步转入职工账户,贷款全部还清后,股票即全部归职工所有。这种类型计划的要点是:①银行贷款给公司,再由公司借款给员工持股信托基金会,或者由公司做担保,由银行直接贷款给员工持股信托基金会;②信托基金会用借款从公司或现有的股票持有者手中购买股票;③公司每年向信托基金会提供一定的免税的贡献份额;④信托基金会每年从公司取得的利润和其他资金,归还公司或银行的贷款;⑤当员工退休或离开公司时,按照一定条件取得股票或现金。

---

[1]　周冬华、黄佳、赵玉洁:《员工持股计划与企业创新》,《会计研究》2019 年第 3 期。

(二)注意要点

一是员工持股计划将员工与公司的命运绑定在一起,使员工具备劳动者与所有者的双重身份,有了主人翁意识,员工的收入与公司发展息息相关,有助于激发员工的工作热情。

二是员工持股计划员工需要承担一定的风险,一方面所得到的股份在一定时期内不能交易、转让,另一方面市场具有一定的波动性,员工需要承担收益损失的风险。

《关于上市公司实施员工持股计划试点的指导意见》(中国证券监督管理委员会公告〔2014〕33号)中对上市公司员工持股计划作了一定的要求,如表4-16所示。

表4-16 《关于上市公司实施员工持股计划试点的指导意见》中

对上市公司员工持股计划的要求

条款	具体内容
基本原则	1.依法合规原则。上市公司实施员工持股计划,应当严格按照法律、行政法规的规定履行程序,真实、准确、完整、及时地实施信息披露。任何人不得利用员工持股计划进行内幕交易、操纵证券市场等证券欺诈行为 2.自愿参与原则。上市公司实施员工持股计划应当遵循公司自主决定,员工自愿参加,上市公司不得以摊派、强行分配等方式强制员工参加本公司的员工持股计划 3.风险自担原则。员工持股计划参与人盈亏自负,风险自担,与其他投资者权益平等
资金来源	1.员工的合法薪酬 2.法律、行政法规允许的其他方式

续表 4-16

条款	具体内容
股票来源	1.上市公司回购本公司股票 2.二级市场购买 3.认购非公开发行股票 4.股东自愿赠予 5.法律、行政法规允许的其他方式
持股期限和规模	1.每期员工持股计划的持股期限不得低于 12 个月,以非公开发行方式实施员工持股计划的,持股期限不得低于 36 个月,自上市公司公告标的股票过户至本期持股计划名下时起算;上市公司应当在员工持股计划届满前 6 个月公告到期计划持有的股票数量 2.上市公司全部有效的员工持股计划所持有的股票总数累计不得超过公司股本总额的 10%,单个员工所获股份权益对应的股票总数累计不得超过公司股本总额的 1%。员工持股计划持有的股票总数不包括员工在公司首次公开发行股票上市前获得的股份、通过二级市场自行购买的股份及通过股权激励获得的股份

续表4-16

条款	具体内容
管理	1.参加员工持股计划的员工应当通过员工持股计划持有人会议选出代表或设立相应机构,监督员工持股计划的日常管理,代表员工持股计划持有人行使股东权利或者授权资产管理机构行使股东权利 2.上市公司可以自行管理本公司的员工持股计划,也可以将本公司员工持股计划委托给下列具有资产管理资质的机构管理:①信托公司;②保险资产管理公司;③证券公司;④基金管理公司;⑤其他符合条件的资产管理机构 3.上市公司自行管理本公司员工持股计划的,应当明确持股计划的管理方,制定相应的管理规则,切实维护员工持股计划持有人的合法权益,避免产生上市公司其他股东与员工持股计划持有人之间潜在的利益冲突 4.员工享有标的股票的权益;在符合员工持股计划约定的情况下,该权益可由员工自身享有,也可以转让、继承。员工通过持股计划获得的股份权益的占有、使用、收益和处分的权利,可以依据员工持股计划的约定行使;参加员工持股计划的员工离职、退休、死亡以及发生不再适合参加持股计划事由等情况时,其所持股份权益依照员工持股计划约定方式处置 5.上市公司委托资产管理机构管理本公司员工持股计划的,应当与资产管理机构签订资产管理协议。资产管理协议应当明确当事人的权利义务,切实维护员工持股计划持有人的合法权益,确保员工持股计划的财产安全。资产管理机构应当根据协议约定管理员工持股计划,同时应当遵守资产管理业务相关规则 6.员工持股计划管理机构应当为员工持股计划持有人的最大利益行事,不得与员工持股计划持有人存在利益冲突,不得泄露员工持股计划持有人的个人信息 7.员工持股计划管理机构应当以员工持股计划的名义开立证券交易账户。员工持股计划持有的股票、资金为委托财产,员工持股计划管理机构不得将委托财产归入其固有财产。员工持股计划管理机构因依法解散、被依法撤销或者被依法宣告破产等原因进行清算的,委托财产不属于其清算财产

续表4-16

条款	具体内容
实施程序	1. 上市公司实施员工持股计划前,应当通过职工代表大会等组织充分征求员工意见 2. 上市公司董事会提出员工持股计划草案并提交股东大会表决,员工持股计划草案至少应包含如下内容:①员工持股计划的参加对象及确定标准、资金、股票来源;②员工持股计划的存续期限、管理模式、持有人会议的召集及表决程序;③公司融资时员工持股计划的参与方式;④员工持股计划的变更、终止,员工发生不适合参加持股计划情况时所持股份权益的处置办法;⑤员工持股计划持有人代表或机构的选任程序;⑥员工持股计划管理机构的选任、管理协议的主要条款、管理费用的计提及支付方式;⑦员工持股计划期满后员工所持有股份的处置办法;⑧其他重要事项。非金融类国有控股上市公司实施员工持股计划应当符合相关国有资产监督管理机构关于混合所有制企业员工持股的有关要求。金融类国有控股上市公司实施员工持股计划应当符合财政部关于金融类国有控股上市公司员工持股的规定 3. 独立董事和监事会应当就员工持股计划是否有利于上市公司的持续发展,是否损害上市公司及全体股东利益,公司是否以摊派、强行分配等方式强制员工参加本公司持股计划发表意见。上市公司应当在董事会审议通过员工持股计划草案后的 2 个交易日内,公告董事会决议、员工持股计划草案摘要、独立董事及监事会意见及与资产管理机构签订的资产管理协议 4. 上市公司应当聘请律师事务所对员工持股计划出具法律意见书,并在召开关于审议员工持股计划的股东大会前公告法律意见书。员工持股计划拟选任的资产管理机构为公司股东或股东关联方的,相关主体应当在股东大会表决时回避;员工持股计划涉及相关董事、股东的,相关董事、股东应当回避表决;公司股东大会对员工持股计划作出决议的,应当经出席会议的股东所持表决权的半数以上通过

续表4-16

条款	具体内容
信息披露	1. 股东大会审议通过员工持股计划后2个交易日内,上市公司应当披露员工持股计划的主要条款
	2. 采取二级市场购买方式实施员工持股计划的,员工持股计划管理机构应当在股东大会审议通过员工持股计划后6个月内,根据员工持股计划的安排,完成标的股票的购买。上市公司应当每月公告一次购买股票的时间、数量、价格、方式等具体情况。上市公司实施员工持股计划的,在完成标的股票的购买或将标的股票过户至员工持股计划名下的2个交易日内,以临时公告形式披露获得标的股票的时间、数量等情况
	3. 员工因参加员工持股计划,其股份权益发生变动,依据法律应当履行相应义务的,应当依据法律履行;员工持股计划持有公司股票达到公司已发行股份总数的5%时,应当依据法律规定履行相应义务
	4. 上市公司至少应当在定期报告中披露报告期内下列员工持股计划实施情况:①报告期内持股员工的范围、人数;②实施员工持股计划的资金来源;③报告期内员工持股计划持有的股票总额及占上市公司股本总额的比例;④因员工持股计划持有人处分权利引起的计划股份权益变动情况;⑤资产管理机构的变更情况;⑥其他应当予以披露的事项

（三）员工持股计划实例

以××××科技集团股份有限公司为例。

《××××科技集团股份有限公司第一期员工持股计划（草案）》（2019）中包括以下几个方面的内容。

1. 对象的确定

本次员工持股计划的参加对象,为认同公司企业文化,符合岗位要求的能力标准,有创新精神和执行力;在本岗位业绩突出,为公司发展作出重大贡献;经董事会认同的公司或下属公司任职的以下人员:公司管理层(董事、高级管理人员);公司中层管理人员及核心技术(业务)骨干;公司除上述人员外,经申请公司批准的员工。

以上符合条件的员工遵循依法合规、自愿参与、风险自担的原则参加本员工持股计划。

2. 资金来源

本员工持股计划股票由公司回购的股份以零价格转让取得,无须出资。

3. 标的股票来源

公司于 2018 年 8 月 15 日召开的公司 2018 年第三次临时股东大会审议通过了《关于以集中竞价交易方式回购股份的议案》;于 2019 年 1 月 7 日召开 2019 年第一次临时股东大会审议通过了《关于调整以集中竞价交易方式回购股份相关事项的议案》,对公司 2018 年第三次临时股东大会审议通过的《关于以集中竞价交易方式回购股份的议案》《关于提请公司股东大会授权董事会办理本次回购相关事宜的议案》等议案部分内容进行调整;于 2019 年 4 月 11 日召开第六届董事会第四十六次会议审议通过了《关于调整以集中竞价交易方式回购股份相关事项的议案》;于 2019 年 7 月 22 日召开第七届董事会第五次会议审议通过了《关于调整以集中竞价交易方式回购股份相关事项的议案》。

公司于 2018 年 8 月 21 日披露了《关于以集中竞价方式回购股份报告书》,并于 2018 年 10 月 11 日实施了首次回购。截至 2019 年 8 月 14 日,公司本次回购的实施期限已满,公司累计回购股份 13 844 896 股,占本次回购注销前总股本的 1.7080%,最高成交价为 8.42 元/股,最低成交价为 7.06 元/股,支付的总金额为 106 587 519.86 元(不含交易费用)。具体内容详见公司披露的相关公告。

本计划草案获得股东大会批准后,本员工持股计划将通过非交易过户等法律法规允许的方式获得公司回购专用证券账户所持有的公司股票。

4.购买价格

本员工持股计划以零价格受让公司已回购的股票,无须出资。

5.标的股票规模

公司员工持股计划股票规模为 2018 年 8 月 15 日至 2019 年 8 月 14 日期间公司回购的股票 12 460 406 股,占公司总股本比例 1.55%。

任一持有人在任一时间点所持有本公司全部存续实施的员工持股计划份额所对应的标的股票数量不超过公司股本总额的 1%;员工持股计划实施后,本公司在任一时间点全部存续实施的员工持股计划所对应股票总数累计不超过公司股本总额的 10%;员工持股计划持有的股票总数不包括员工在公司首次公开发行股票上市前获得的股份、通过二级市场自行购买的股份及通过股权激励获得的股份。

6.存续期

①本员工持股计划的存续期为 60 个月,自公司公告最后一笔标的股票过户至本员工持股计划名下之日起计算。

②本员工持股计划的锁定期满后,在本计划账户资产均为货币资金时,本员工持股计划可提前终止。

③本员工持股计划的存续期届满前 2 个月,经出席持有人会议的持有人持 2/3(不含)以上份额同意并提交公司董事会审议通过后,本员工持股计划的存续期可以延长。

7.锁定期

(1)锁定期与解锁安排

本员工持股计划通过非交易过户等法律法规许可的方式所获标的股票,自公司公告最后一笔标的股票过户至本员工持股计划名下之日起 12 个月后开始分期解锁,锁定期最长 48 个月,具体如表 4-17 所示。

表 4-17　锁定期与解锁安排

解锁安排	解锁时间	解锁比例
第一批解锁时点	自公司公告最后一笔标的股票过户至本员工持股计划名下之日起算满 12 个月	20%
第二批解锁时点	自公司公告最后一笔标的股票过户至本员工持股计划名下之日起算满 24 个月	25%
第三批解锁时点	自公司公告最后一笔标的股票过户至本员工持股计划名下之日起算满 36 个月	25%
第四批解锁时点	自公司公告最后一笔标的股票过户至本员工持股计划名下之日起算满 48 个月	30%

（2）业绩考核

公司达到下述业绩考核指标（见表 4-18）时，出售对应解锁时点的股票获得的资金归全体持有人所有。

表 4-18　业绩考核指标

解锁安排	业绩考核目标
第一批解锁时点	以 2018 年营业收入为基数，2019 年营业收入增长率不低于 40%
第二批解锁时点	以 2018 年营业收入为基数，2020 年营业收入增长率不低于 80%
第三批解锁时点	以 2018 年营业收入为基数，2021 年营业收入增长率不低于 120%
第四批解锁时点	以 2018 年营业收入为基数，2022 年营业收入增长率不低于 170%

若本员工持股计划项下的公司业绩考核指标未达成，本计划通过非交易过户方式自公司回购专用证券账户所获得的股票，在对应股票锁定期届满后由公司收回注销；该部分股票出售前所获得的现金分红等权益（如有）

归属于公司。如果中国证监会或深交所对于上述锁定期安排有不同意见,应按照中国证监会或深交所的意见执行。

在锁定期内,公司发生资本公积转增股本、派送股票红利时,员工持股计划因持有公司股份而新取得的股份一并锁定,不得在二级市场出售或以其他方式转让,该等股票的解锁期与相对应股票相同。在锁定期内,公司发生派息时,员工持股计划因持有公司股份而获得的现金股利一并锁定,该现金股利的解锁期与相对应股票相同。

本员工持股计划严格遵守市场交易规则,遵守中国证监会、深交所关于信息敏感期不得买卖股票的相关规定,在下列期间不得买卖公司股票:①公司定期报告公告前三十日内,因特殊原因推迟定期报告公告日期的,自原预约公告日前三十日起算,至公告前一日;②公司业绩预告、业绩快报公告前十日内;③自可能对本公司股票及其衍生品种交易价格产生较大影响的重大事件发生之日或者进入决策程序之日,至依法披露后两个交易日内;④中国证监会及深交所规定的其他期间。

8.持有人的权利

持有人的权利包括以下几个方面。

①依照其持有的本员工持股计划份额享有本计划资产的权益。

②参加或委派其代理人参加持有人会议,并行使相应的表决权。

③对本员工持股计划的管理进行监督,提出建议或质询。

④员工持股计划持有公司股票的表决权由管理委员会代为行使。

⑤法律、行政法规、部门规章或本员工持股计划规定的其他权利。

9.持有人的义务

持有人的义务包括以下几个方面。

①遵守法律、行政法规、部门规章和本员工持股计划的相关规定。

②依照其所持有的本员工持股计划份额承担本计划的投资风险。

③本员工持股计划存续期内,未经管理委员会同意,持有人不得转让所持有本计划的份额。

④法律、行政法规及本员工持股计划规定的其他义务。

10.管理模式

本员工持股计划由公司自行管理。本员工持股计划的内部管理权力机构为持有人会议;员工持股计划设管理委员会,负责员工持股计划的日常管理,代表持有人行使股东权利;公司董事会负责拟定和修改本计划草案,并在股东大会授权范围内办理本员工持股计划的其他相关事宜。

第三节　股权激励考虑因素

股权激励工具类型很多,整体划分为实股激励与虚拟股激励,那么如何选择,成了众多公司的关注要点。在实践中,股权激励工具的选择并不是说一些大公司在用的就可以照搬,而应结合公司自身的发展,符合公司的现实情况,合适的才是最好的。

公司在实施股权激励时应考虑以下因素。

一、公司行业属性

对于竞争性行业,特别是高新技术行业(如高科技、互联网、生物工程等)对股权激励需求较高。这些行业对管理者的要求较高,以及对人才需求量大,为了提高竞争力,这些行业的公司股权激励的授予对象主要是对公司发展影响较大的高级管理人员和核心技术人员,激励力度大些,时间长些,以体现对这些人员的激励。

对于非竞争行业(如水、电行业等),这些行业一般处于行业垄断地位,对股权激励需求较小,即使实施,基本上是为了完善公司治理结构、进行资产保值增值,故在实施时,激励对象主要是高级管理人员,力度偏低些。

二、公司的发展阶段

(一)初创期

对于初创型公司,公司的起步发展一般比较困难,资金、管理、人才都会存在一定的问题,故选择的原则更注重远期发展,以吸引人才为发展重心。建议对公司核心人才以实股激励,采取比较大的激励手段,加强人才对公司的依赖程度。坚持以人为本,以诚意留住人才,公司才能走得更远。

(二)成长期

对于处于高速发展阶段的成长期公司,选择原则为当期与远期相结合。在这个阶段,公司不断地扩张,对人才的需求量也在不断地扩大,此时可以采取的激励力度也适当大些,如限制性股份、期权计划,将高层管理人员、技术骨干等对公司发展有加大作用的人员纳入激励范围,使其与公司形成利益共同体。

(三)成熟期

对于成熟期的公司,选择激励工具应当更注意当期的发展。因为在此阶段,公司的治理制度、激励体系都已趋近于完善,客户群体、营业收入也都相对稳定,公司也有了一定的抗风险能力,资金相对来说比较充裕。在此阶段,公司采取股权激励的主要目的是稳住骨干成员,有效激励人才继续创造业绩,所以可以采取业绩股票、在职分红权等激励工具,对继续创造业绩的人员给予直接收益。

三、股权激励目的

公司在实施股权激励计划时要考虑实施的目的,一般是公司的稳定发展以及员工的利益实现,在公司与员工之间建立一条纽带,实现共赢。

现列举两个公司的股权激励计划,以供参考。

《北京××××教育科技股份有限公司 2021 年股权激励计划(草案)》:"实施本次股权激励计划的目的:(一)为进一步完善公司法人治理结构,确保公司未来发展战略和经营目标的实现;(二)充分调动公司中、高层管理人员及核心员工的主动性和创造性,提升公司凝聚力,并为稳定优秀人才提供一个良好的激励平台,增强公司竞争力,提升公司行业地位;(三)建立股东与经营管理层及公司员工之间利益共享、风险共担的机制,实现股东、公司和员工各方利益的一致,为股东带来更为持久、丰厚的回报。"

《××证券股份有限公司 A 股限制性股票股权激励计划》(2021):"实施本激励计划的目的主要有以下几个方面:(一)深化落实国有企业混合所有制改革。党的十九大以来,国有企业改革向纵深推进,从中央到江苏省连续出台多项国企改革政策文件,鼓励和倡导国有企业实施员工持股和股权激励。(二)稳定和提升公司价值。公司回购股票并用于股权激励,向市场展示公司核心团队对公司发展的长期承诺,有利于提振市场信心,彰显公司价值,从而保护广大投资人利益。(三)倡导公司与个人共同持续发展的理念。构建股东、公司与员工之间的利益共同体,由核心员工长期、直接承担公司股价变动带来的收益及风险,实现员工与公司利益共享、风险共担,促进公司长期稳健发展。(四)建立健全公司长期激励与约束机制。实施本次股权激励计划,并在未来择机实施分期股权激励计划,有利于公司探索构建并不断完善长期激励机制,充分调动公司董事、高级管理人员及核心员工的积极性,稳定核心队伍,在有效减少人才流失的基础上进一步增强对于外部优秀人才的吸引力,提升公司的核心竞争力,确保公司发展战略和经营目标的实现。"

四、激励对象

根据《上市公司股权激励管理办法(2018 修正)》,激励对象可以包括上市公司的董事、高级管理人员、核心技术人员或者核心业务人员,以及公司认为应当激励的对公司经营业绩和未来发展有直接影响的其他员工,但不应当包括独立董事和监事。外籍员工任职上市公司董事、高级管理人员、核心技术人员或者核心业务人员的,可以成为激励对象。

非上市公司在激励对象的选择上较上市公司更为灵活,但在实践中也基本上是高级管理人员、核心技术人员、核心业务人员。

(一)高级管理人员

高级管理人员几乎是所有激励对象的必选项,高级管理人员作出的决策关系着公司的发展,实际控制人希望高级管理人员能够将公司利益摆在第一位,作出的决策有利于公司的整体利益。此时,如果将高级管理人员仅仅摆在员工的位置上,公司的利益与其自身的利益并未绑定在一起,其不参与公司的利润分配,那么公司的收益与自身关系不大,高级管理人员并不会有较大的动力将公司做大做强。而通过股权激励,将公司利益与高级管理人员利益绑定在一起,形成命运共同体,高级管理人员就会朝着更有利于公司利益、股东利益的方向管理公司,形成共赢的局面。对于高级管理人员,激励目的以长期激励为主,激励工具可以选择股票期权、限制性股份(票)、延期支付等激励工具。

(二)核心技术人员

对于公司来说,人力资本不可或缺,公司发展需要人的智力、知识、技能、经验等资本,而这些都依附在人身上,人走了,这些资本也就流失不在了。而核心技术人员拥有足以影响公司命运的关键人力资本,对公司的发展至关重要,特别对于技术型公司,他们的去留甚至可以影响到公司的兴衰。因此,核心技术人员也是公司股权激励的选择对象。对于核心技术人员,可以选择股票期权、虚拟股权等工具进行激励。

（三）核心业务人员

核心业务人员也是人力资本的拥有者,相对于核心技术人员,其对公司的影响小一些,但是他们的离开,对于公司也会产生一定的影响,特别是以业务(如销售)为主的公司,对业绩会有较大负面影响。但是对于核心业务人员,其对公司的影响多为局部影响,范围较前两者较小,故股权激励时,可以选择业绩股票、虚拟股权激励,将激励与其自身业绩相挂钩。

需要注意的是,上市公司股权激励的重点应是对公司经营业绩和未来发展有直接影响的高级管理人员和核心技术骨干,不得随意扩大范围。上市公司以下人员不得成为激励对象:未在上市公司任职、不属于上市公司的人员(包括控股股东公司的员工);境内、境外上市公司监事不得成为股权激励的对象;单独或合计持有上市公司5%以上股份的股东或实际控制人及其配偶、父母、子女,不得成为激励对象;最近12个月内被证券交易所认定为不适当人选;最近12个月内被中国证监会及其派出机构认定为不适当人选;最近12个月内因重大违法违规行为被中国证监会及其派出机构行政处罚或者采取市场禁入措施;具有《公司法》规定的不得担任公司董事、高级管理人员情形的;法律法规规定不得参与上市公司股权激励的;中国证监会认定的其他情形。

以××集团的股票激励计划为例。《××集团2021年限制性股票激励计划(草案)》(2021):"本激励计划授予的激励对象共计547人,包括核心高层管理人员(包含董事、高级管理人员),其他高层管理人员,核心骨干。在本激励计划公告当日至董事会确定的授予日期间,若激励对象提出离职或明确表示放弃拟获授的限制性股票的,董事会有权取消该等激励对象的激励资格,并在本激励计划确定的激励对象范围内对具体名单进行适当调整。本激励计划涉及的激励对象不包括独立董事、监事及单独或合计持有公司5%以上股份的股东或实际控制人及其配偶、父母、子女。以上激励对象中,董事必须经股东大会选举,高级管理人员必须经董事会聘任。所有激励对象必须在获授限制性股票时及本激励计划的考核期内与公司或其分、子公司具有聘用或劳动关系。"

五、股份来源

(一)向激励对象增发新股

向激励对象增发新股是指激励对象按照一定价格以现金增资至公司获得股权,这种方式比较适合创业期的中小企业。第一,可以达到激励目的;第二,解决了创始股东对各自的转让比例协商不一致的难题;第三,在一定程度上缓解了公司发展初期资金紧张的问题。采取此种方式需要注意,公司总股本的设置必须与自身发展相适应;同时要符合《公司法》的规定,如需经过股东会代表三分之二以上表决权的股东通过、公司其他股东放弃优先购买权等,保证程序的合法性。

(二)原股东转让

原股东转让是指原股东将自己所持的部分股份转让给激励对象,这是比较快捷的股权来源方式,具体依照《公司法》关于股权转让的规定办理,确保其他股东放弃优先购买权,保证程序的合法性。具体操作可以由某一股东(一般为股份集中在大股东手中)转让,或由各股东按照比例及进行转让。需要注意的是,在签署激励协议时将公司、原股东、激励对象作为签订主体,因为原股东并没有出让股权的义务,股权激励是公司与激励对象之间的,但股权来源于原股东,股权激励协议缺少了任何一方都是不完全的。

(三)预留期权池

许多公司在创立初期,创始人会考虑设立期权池,为未来的股权激励进行筹划。预留期权池是指在股权结构中预留了一定比例的股权用来进行后面的股权激励计划。期权池一般设立专门的持股平台,可以为有限公司或有限合伙企业,考虑到税收问题,以及进入、退出的便捷性,以有限合伙作为持股平台为大多数公司所青睐。

(四)股份回购

股份回购是指股份公司将其股份回购后奖励给激励对象。《公司法》第一百四十二条规定:"公司不得收购本公司股份。但是,有下列情形之一的除外:(三)将股份用于员工持股计划或者股权激励……公司因前款第(三)项、第(五)项、第(六)项规定的情形收购本公司股份的,可以依照公司章程的规定或者股东大会的授权,经三分之二以上董事出席的董事会会议决议……属于第(三)项、第(五)项、第(六)项情形的,公司合计持有的本公司股份数不得超过本公司已发行股份总额的百分之十,并应当在三年内转让或者注销。上市公司收购本公司股份的,应当依照《中华人民共和国证券法》的规定履行信息披露义务。上市公司因本条第一款第(三)项、第(五)项、第(六)项规定的情形收购本公司股份的,应当通过公开的集中交易方式进行。公司不得接受本公司的股票作为质押权的标的。"

六、资金来源

1.激励对象自有资金

激励对象以自有资金按照股权激励协议约定的价格、时间购买激励股份是一种比较常见的形式。需要注意的是,激励价格在设计时需要考虑激励对象的经济能力,如果激励对象支付能力有限,可采取分期付款的方式。

2. 激励对象工资奖金

公司直接从激励对象的工资或者奖金中扣除一定金额作为激励对购买股份的资金。

3. 设立专项激励基金

公司在一定条件成就后(如达成既定业绩目标),从公司税后利润中提取一定数量的款项作为专项激励基金,该部分基金给予激励对象用于专项购买公司的股份。

4. 公司借款

公司借款给激励对象或者为激励对象提供财务上的资助(如为其借款提供担保)。但是此种方式不适用于上市公司,根据《上市公司股权激励管理办法(2018 修正)》第二十一条:"激励对象参与股权激励计划的资金来源应当合法合规,不得违反法律、行政法规及中国证监会的相关规定。上市公司不得为激励对象依股权激励计划获取有关权益提供贷款以及其他任何形式的财务资助,包括为其贷款提供担保。"

公司在设计股权激励方案时,要对激励对象的资金来源予以考虑,要综合考虑资金成本是否符合激励对象承担能力,激励对象的意向,以及采取的资金来源的合规性,将资金来源体现在股权激励协议中。

七、激励额度

公司在实施股权激励计划时必然会考虑到拿出多少额度会比较合适。激励额度过大可能会影响到公司的控制权以及为公司带来过大资金压力;激励额度过小,激励效果会不明显,达不到激励目的。

在确定激励时一般需要考虑以下因素:一是现有公司股东意愿,如股权激励采用增资扩股的方式势必会造成现有股东股权稀释,此时需要考虑到现有股东对此持有的态度,是否愿意与员工进行分享以及分享的额度。二是考虑激励对象对公司发展的作用大小、贡献大小,整体的薪资水平进行股权激励额度的分配。

需要注意的是,对于上市公司,根据《上市公司股权激励管理办法(2018修正)》第十四条第二款:"上市公司全部在有效期内的股权激励计划所涉及的标的股票总数累计不得超过公司股本总额的 10% 。非经股东大会特别决议批准,任何一名激励对象通过全部在有效期内的股权激励计划获授的本公司股票,累计不得超过公司股本总额的 1% 。"

对于非上市公众公司,根据《中国证券监督管理委员会公告》(〔2020〕57 号):"挂牌公司可以同时实施多期股权激励计划。同时实施多期股权激励计划的,挂牌公司应当充分说明各期激励计划设立的公司业绩指标的关联性。挂牌公司全部在有效期内的股权激励计划所涉及的标的股票总数累计不得超过公司股本总额的30% 。"

八、其他因素

除了上述因素,公司在进行股权激励时还应考虑激励成本、股权情况,公司的发展前景、财务状况,利润情况,现金流是否充裕,人员流动性,等等,综合公司情况设计股权激励方案。

第四节　股权激励计划常见概念

一、有效期

股权激励计划有效期是指从计划生效到所有股权行权完毕的期间。不过需要注意的是,上市公司的股权激励计划需要按照以下两个规定执行。

第一，《上市公司股权激励管理办法（2018 修正）》第十三条："股权激励计划的有效期从首次授予权益日起不得超过 10 年。"

第二，《中国证券监督管理委员会公告》（〔2020〕57 号）："（七）股权激励计划的有效期从首次授予权益日起不得超过 10 年。挂牌公司应当规定分期行使权益，激励对象获授权益与首次行使权益的间隔不少于 12 个月，每期时限不得少于 12 个月，各期行使权益的比例不得超过激励对象获授总额的 50%。"

现列举两个公司的股权激励计划有效期以供参考。

《宁夏×××农牧股份有限公司股权激励计划（草案）》（2015）："股票期权激励计划的有效期为股票期权授予之日起至第三期股票期权行权后或注销。如在此期限内，经董事会、股东大会审议决定加速行权，则本股票期权激励计划的有效期为股票期权授予之日起至所有股票期权行权后。"

《××集团 2021 年限制性股票激励计划（草案）》："本激励计划有效期自限制性股票授予登记完成之日起至激励对象获授的限制性股票全部解除限售或回购注销之日止，最长不超过 48 个月。"

二、授予日/授权日

授予日或者授权日是指公司将股权激励权益授予对象的时间。对上市公司来说，一般在股东会审议通过后 30 日内对激励对象进行授权、登记等相关程序，公司未能在 60 日内完成上述工作的，需披露未完成原因并终止实施激励计划。同时需要注意上市公司股票期权授权日与获授股票期权首次可行权日之间的间隔不得少于 12 个月。

现列举两个公司的股权激励计划授予日/授权日以供参考。

《宁夏×××农牧股份有限公司股权激励计划（草案）》（2015）："授权日股票期权激励计划授予的股票期权的授权日为本计划经股东大会审议通过

之日。公司董事会应在授权日后 30 日内对激励对象进行授权、登记等相关程序。"

《××集团 2021 年限制性股票激励计划（草案）》："授予日在本激励计划经公司股东大会审议通过后由董事会确定。公司需在股东大会审议通过后 60 日内对激励对象进行授予并完成公告、登记；有获授权益条件的，需在条件成就后 60 日内授出权益并完成公告、登记。公司未能在 60 日内完成上述工作的，需披露未完成原因并终止实施本计划，未授予的限制性股票失效。授予日必须为交易日，且不得为下列区间日：一、公司定期报告公告前 30 日内，因特殊原因推迟定期报告公告日期的，自原预约公告日前 30 日起算，至公告前 1 日；二、公司业绩预告、业绩快报公告前 10 日内；三、自可能对公司股票及其衍生品种交易价格产生较大影响的重大事件发生之日或者进入决策程序之日，至依法披露后 2 个交易日内；四、中国证监会及上海证券交易所规定的其他期间。上述公司不得授出限制性股票的期间不计入 60 日期限之内。"

三、等待期/限售期

等待期/限售期指股权激励计划设定的激励对象行使权益的条件尚未成就，限制性股票不得转让、用于担保或偿还债务的期间，自激励对象获授限制性股票完成登记之日起算。

现列举两个公司的股权激励计划等待期/限售期以供参考。

《宁夏×××农牧股份有限公司股权激励计划（草案）》（2015）："股票期权授权日后至股票期权可行权日之间的时间，本计划第一期的等待期为 12 个月；第二期的等待期为 24 个月；第三期的等待期为 36 个月。"

《××集团 2021 年限制性股票激励计划（草案）》："本激励计划的激励对象所获授的限制性股票限售期分别为自限制性股票授予登记完成之日起

12 个月、24 个月、36 个月。激励对象根据本激励计划获授的限制性股票在解除限售前不得转让、用于担保或偿还债务。激励对象获授的限制性股票由于资本公积金转增股本、股票红利、股票拆细而取得的股份同时限售,不得在二级市场出售或以其他方式转让,该等股份的解除限售期与限制性股票解除限售期相同。限售期满后,公司为满足解除限售条件的激励对象办理解除限售事宜,未满足解除限售条件的激励对象持有的限制性股票由公司回购注销。"

限制性股票的解除限售期及各期解除限售时间安排如表 4-19 所示。

表 4-19　限制性股票的解除限售期及各期解除限售时间安排

解除限售安排	解除限售时间	解除限售比例
第一个解除限售期	自限制性股票授予登记完成之日起 12 个月后的首个交易日起至限制性股票授予登记完成之日起 24 个月内的最后一个交易日当日止	40%
第二个解除限售期	自限制性股票授予登记完成之日起 24 个月后的首个交易日起至限制性股票授予登记完成之日起 36 个月内的最后一个交易日当日止	30%
第三个解除限售期	自限制性股票授予登记完成之日起 36 个月后的首个交易日起至限制性股票授予登记完成之日起 48 个月内的最后一个交易日当日止	30%

四、可行权日

可行权日指激励对象可以开始行权的日期。上市公司的可行权日必须为交易日。

现列举宁夏×××农牧股份有限公司股权激励计划可行权日以供参考。

《宁夏×××农牧股份有限公司股权激励计划（草案）》（2015）中关于股权激励授予期权的行权期及各期行权时间安排如表4-20所示。

表4-20　《宁夏×××农牧股份有限公司股权激励计划（草案）》（2015）中
关于股权激励授予期权的行权期及各期行权时间安排

行权期	行权条件
第一个行权期	2015年公司实现净利润4500万元及以上
第二个行权期	2016年公司净利润较2015年增长30%及以上，即公司实现净利润5850万元及以上；或2015、2016两年累计实现利润10 350万元及以上
第三个行权期	2017年公司净利润较2016年增长30%及以上，即公司实现净利润7605万元及以上；或2015、2016、2017年三年累计实现利润17 955万元及以上

激励对象必须在期权行权有效期内行权完毕。若未达到行权条件，则当期股票期权不得行权；若符合行权条件，但未在上述行权期内行权的该部分股票期权由公司注销。第一期预留的股票期权如果未能行权，则转为第二期的预留股票期权；第二期预留的股票期权如果未能行权，则转为第三期的预留股票期权；第三期预留的股票期权未能行权的，则予以注销。

公司董事会可根据公司实际需要（如转板上市等）或有关法律法规、规范性文件的要求，视激励对象的实际绩效情况提出加速行权方案，经股东大会审议通过后，激励对象不得对该等方案提出异议。

五、禁售期

禁售期是指激励对象在行权后一定时间内不得转让、出售激励股权。

上市公司禁售期应当符合《公司法》《证券法》《上市公司股东、董监高减持股份的若干规定》等法律法规和规范性文件的规定。

现列举两个公司的股权激励计划禁售期以供参考。

《北京×××教育科技股份有限公司2021年股权激励计划（草案）》："激励对象通过本激励计划所获授公司股票的禁售规定,按照《公司法》《证券法》等相关法律、行政法规、规范性文件和公司章程执行,具体内容如下：(一)激励对象为公司董事和高级管理人员的,在下列期间内不得买卖公司股票：1.公司年度报告公告前三十日内,因特殊原因推迟年度报告日期的,自原预约公告日前三十日起算,至公告日日终；2.公司业绩预告、业绩快报公告前十日内；3.自可能对本公司股票及其他证券品种交易价格产生较大影响的重大事件发生之日或者进入决策程序之日,至依法披露后两个交易日内；4.中国证监会及全国股转公司规定的其他期间。(二)激励对象为公司董事和高级管理人员的,其在任职期间每年转让的股份不得超过其所持有本公司股份总数的25%；在离职后半年内,不得转让其所持有的本公司股份。(三)激励对象为公司董事、高级管理人员及其配偶、父母、子女的,将其持有的本公司股票在买入后6个月内卖出,或者在卖出后6个月内又买入,由此所得收益归本公司所有,董事会将收回其所得收益。(四)在本激励计划有效期内,如果《公司法》《证券法》等相关法律法规、规范性文件和公司章程中对公司董事、监事和高级管理人员持有股份转让的有关规定发生了变化,则激励对象转让其所持有的公司股票应当在转让时符合修改后的《公司法》《证券法》等相关法律法规、规范性文件和公司章程的规定。"

《××集团2021年限制性股票激励计划（草案）》："本次限制性股票激励计划的限售规定按照《公司法》《证券法》等相关法律法规、规范性文件和公司章程的规定执行,具体内容如下：(一)激励对象为公司董事和高级管理人员的,其在任职期间每年转让的股份不得超过其所持有本公司股份总数的

25%,在离职后半年内,不得转让其所持有的本公司股份。(二)激励对象为公司董事和高级管理人员的,将其持有的本公司股票在买入后6个月内卖出,或者在卖出后6个月内又买入,由此所得收益归本公司所有,本公司董事会将收回其所得收益。(三)在本激励计划有效期内,如果《公司法》《证券法》等相关法律法规、规范性文件和公司章程中对公司董事和高级管理人员持有股份转让的有关规定发生了变化,则这部分激励对象转让其所持有的公司股票应当在转让时符合修改后的相关规定。"

六、授予条件

授予条件指激励对象获受激励股权必须满足的资格条件。公司可以根据公司以及个人业绩设计一定的指标,但是上市公司的授予条件具有一定的硬性标准。根据《上市公司股权激励管理办法(2018 修正)》第七条,上市公司本身需要满足"上市公司具有下列情形之一的,不得实行股权激励:(一)最近一个会计年度财务会计报告被注册会计师出具否定意见或者无法表示意见的审计报告;(二)最近一个会计年度财务报告内部控制被注册会计师出具否定意见或无法表示意见的审计报告;(三)上市后最近36个月内出现过未按法律法规、公司章程、公开承诺进行利润分配的情形;(四)法律法规规定不得实行股权激励的;(五)中国证监会认定的其他情形"之规定。

根据《上市公司股权激励管理办法(2018 修正)》第八条,激励对象需要满足"单独或合计持有上市公司5%以上股份的股东或实际控制人及其配偶、父母、子女,不得成为激励对象。下列人员也不得成为激励对象:(一)最近12个月内被证券交易所认定为不适当人选;(二)最近12个月内被中国证监会及其派出机构认定为不适当人选;(三)最近12个月内因重大违法违规行为被中国证监会及其派出机构行政处罚或者采取市场禁入措施;(四)具有《公司法》规定的不得担任公司董事、高级管理人员情形的;(五)法律法规规定不得参与上市公司股权激励的;(六)中国证监会认定的其他情形"之规定。

现列举××科技股份有限公司股权激励计划授予条件以供参考。

《××科技股份有限公司2021年限制性股票激励计划(草案)摘要》:"同时满足下列授予条件时,公司向激励对象授予限制性股票,反之,若下列任一授予条件未达到,则不能授予限制性股票。(一)公司未发生以下任一情形:1.最近一个会计年度财务会计报告被注册会计师出具否定意见或者无法表示意见的审计报告;2.最近一个会计年度财务报置内部控制被注册会计师出具否定意见或者无法表示意见的审计报告;3.上市后最近36个月内出现过未按法律法规、《公司章程》、公开承诺进行利润分配的情形;4.法律法规规定不得实行股权激励的;5.中国证监会认定的其他情形。(二)激励对象未发生以下任一情形:1.最近12个月内被证券交易所认定为不适当人选;2.最近12个月内被中国证监会及其派出机构认定为不适当人选;3.最近12个月内因重大违法违规行为被中国证监会及其派出机构行政处罚或者采取市场禁入措施;4.具有《公司法》规定的不得担任公司董事、高级管理人员情形的;5.法律法规规定不得参与上市公司股权激励的;6.证监会认定的其他情形。"

七、行权条件

行权条件是指公司在实施股权激励计划时设定一定的条件,激励对象在达到该条件时方可行权。一般结合公司自身条件以及激励对象个人条件综合进行设计,保证考核体系具有全面性、综合性及可操作性以达到对激励对象的约束效果,起到激励计划的激励作用。

现列举××集团股权激励计划行权条件以供参考。

《××集团2021年限制性股票激励计划(草案)》:解除限售期内,同时满足下列条件时,激励对象获授的限制性股票方可解除限售。

①公司未发生如下任一情形:最近一个会计年度财务会计报告被注册会计师出具否定意见或者无法表示意见的审计报告;最近一个会计年度财务报告内部控制被注册会计师出具否定意见或者无法表示意见的审计报告;上市后最近 36 个月内出现过未按法律法规、公司章程、公开承诺进行利润分配的情形;法律法规规定不得实行股权激励的;中国证监会认定的其他情形。

②激励对象未发生如下任一情形:最近 12 个月内被证券交易所认定为不适当人选;最近 12 个月内被中国证监会及其派出机构认定为不适当人选;最近 12 个月内因重大违法违规行为被中国证监会及其派出机构行政处罚或者采取市场禁入措施;具有《公司法》规定的不得担任公司董事、高级管理人员情形的;法律法规规定不得参与上市公司股权激励的;中国证监会认定的其他情形。

公司发生上述第①条规定情形之一的,所有激励对象根据本激励计划已获授但尚未解除限售的限制性股票应当由公司回购注销,回购价格为授予价格;某一激励对象发生上述第②条规定情形之一的,该激励对象获授的限制性股票由公司回购注销,回购价格为授予价格。

③公司层面业绩考核要求本激励计划授予的限制性股票,在解除限售期分年度进行业绩考核并解除限售,以达到业绩考核目标作为激励对象的解除限售条件。限制性股票各年度业绩考核目标如表 4-21 所示。

表4-21　限制性股票各年度业绩考核目标

解除限售期	业绩考核目标
第一个解除限售期	2021 年度营业收入或净利润不低于前三个会计年度(2018—2020 年)的平均水平

续表 4-21

解除限售期	业绩考核目标
第二个解除限售期	2022 年度营业收入或净利润不低于前三个会计年度（2019—2021 年）的平均水平
第三个解除限售期	2023 年度营业收入或净利润不低于前三个会计年度（2020—2022 年）的平均水平

注："营业收入""净利润"口径以会计师事务所经审计的合并报表为准,其中,"净利润"指归属上市公司股东的净利润。

在解除限售日,公司为满足解除限售条件的激励对象办理解除限售事宜,若因公司未满足上述业绩考核目标而使得当年度限制性股票不能解除限售,则所有激励对象对应批次限制性股票由公司回购注销,回购价格为授予价格。

④个人层面绩效考核要求。激励对象为董事、高级管理人员的,当年实际可解除限售的限制性股票与其上一年度的绩效考核挂钩,具体比例依据个人绩效考核结果确定,具体如表4-22 所示。

表 4-22　个人绩效考核结果和个人解除限售比例的关系

考核结果	个人解除限售比例
合格及以上	100%
不合格	0

激励对象个人当年实际可解除限售的限制性股票额度=个人解除限售比例×个人当年计划解除限售的限制性股票额度。激励对象当年因个人绩效考核未达标而不能解除限售的限制性股票由公司回购注销,回购价格为授予价格。

激励对象非董事、高级管理人员的,不设置个人绩效考核。

第五节　股权激励相关诉讼

在公司与员工之间因为股权激励发生争议时,定性为劳动争议,还是平等主体之间的商事纠纷在实践中存在着争议。

当激励标的为虚拟股权时,因为并不涉及公司股权的变更,其本质是一种奖金的发放形式,在法律上一般认定为劳动争议纠纷;但当股权激励标的为实股时,激励对象虽是基于劳动关系取得股权,但又确实存在着股东身份,此时关于定性的认定就不能一概而论,具体到个案中要综合考虑实施股权激励的目的、起因,结合事实与法律综合考虑是否具有劳动关系的特征进行认定。

一、认定为劳动争议纠纷

规则一,限制性股票回购损失赔偿纠纷否属于劳动争议处理范畴问题要综合考虑限制性股票起因、目的、激励利益实现条件、考核事实依据、法律性质进行判断,如具有劳动者接受用人单位管理、约束和激励的劳动关系典型特征,则属于劳动争议纠纷。

以广东省深圳市中级人民法院 2017 年的一个案件为例:

广东省深圳市中级人民法院认为:其一,关于本案限制性股票回购损失赔偿纠纷是否属于劳动争议处理范畴问题。本院认为,限制性股票属于股权激励收益的一种形式。当前股权激励收益形式多样,特性不一,是否属于劳动争议范畴应当根据个案的实际情况予以界定。综合考量以下因素,本院认为本案文某诉请的

限制性股票回购损失赔偿属于劳动争议案件审理范围,理由如下:

1. 从文某获得涉案"B 科技"限制性股票起因来看,文某于 2012 年 10 月 25 日与 B 深圳公司签订了自 2012 年 11 月 1 日起的无固定期限《劳动合同》,任 B 深圳公司高级主管,于 2014 年被授予公司限制性股票激励对象,获授予母公司 B 股份公司 4 万股"B 科技"限制性股票,授予价格 13.33 元/股,认购限制性股票的资金由文某自筹。由此可见,文某得以获得以大幅低于市场价格的股权激励价格购买 4 万股"B 科技"限制性股票的资格,是基于其与 B 深圳公司较长时间存在劳动关系,同时也基于其对 B 深圳公司及 B 股份公司的生产经营作出的贡献和业绩,这体现了劳动关系中用人单位对劳动者基于身份关系及劳动成果予以福利或奖励的特征。

2. 从 B 深圳公司与 B 股份公司授予文某限制性股票的较长期目的来看,《B 科技股份有限公司 2014 年限制性股票激励计划(草案)》规定,公司有权要求激励对象按其任岗职位的要求为公司工作;若激励对象不能胜任所任职工作岗位或者绩效考核不合格,经董事会批准,公司将以授予价格回购并注销激励对象尚未解锁的限制性股票。可见,B 股份公司和 B 深圳公司授予文某限制性股票的较长期目的是希望被激励对象能继续为公司服务且需要符合岗位要求及满足公司的绩效考核,从而有利于维持与激励对象劳动关系稳定及提高激励对象工作积极性和能动性,促进公司业绩和价值提升,体现了用人单位对于劳动者激励管理的劳动关系特征。

3. 从文某涉案 4 万股"B 科技"限制性股票自由流通即激励利益实现条件来看,B 股份公司公布的《2014 年限制性股票激励计划实施考核办法》以及《B 科技股份有限公司 2014 年限制性股票激励计划(草案)》规定限制性股票自由流通的条件,要求被激励对象按其

任岗职位的要求进行工作,若激励对象不能胜任所任职工作岗位
或者绩效考核不合格,将以授予价格回购并注销激励对象尚未解
锁的限制性股票;并规定 B 股份公司在行权期的 3 个会计年度中
分年度对激励对象进行绩效考核,激励对象上一年度绩效评价在 B
级以上,其获授限制性股票才能解锁并自由流通;如激励对象在绩
效考核期间存在触犯法律、违反职业道德、泄露公司机密、因失职
或渎职等行为损害公司利益或声誉等情形,其获授限制性股票则
不得解锁。可见,上述限制性股票解锁条件是劳动者在劳动中的
成果需符合公司要求及劳动者不得存在损害公司利益或声誉行
为。这也体现了劳动关系中用人单位对劳动者管理的典型特征。

4. 从文某限制性股票解锁条件的考核事实依据来看,文某的考核
工作虽由 B 股份公司进行,但其考核依据仍系基于文某在 B 深圳
公司的工作表现和业绩,亦显著地体现了劳动关系中劳动者接受
用人单位管理的典型特征。5. 从文某获得的限制性股票的法律性
质来看,根据中国证券业监督管理委员会发布的《上市公司股权激
励暂行办法(试行)》(证监会司字〔2005〕151 号)第二十八条规
定,上市公司董事会下设的薪酬和考核委员会负责拟定股权激励
计划草案,考核委员会应当建立完善的议事规则,其拟订的股权激
励计划草案应当提交董事会审议。另,根据财政部、国家税务总局
《关于个人股票期权所得征收个人所得税问题的通知》(财税
〔2005〕35 号)规定:"员工行权时,其从企业取得股票的实际购买
价(施权价)低于购买日公平市场价(指该股票当日的收盘价)的差
额,是因员工在企业的表现与业绩情况而取得的与任职、受雇有关
的所得,应按'工资、薪金所得'适用的规定计算缴纳个人所得税。"
上述相关规定显示限制性股票从性质上属于用人单位因劳动者的

突出劳动贡献以及激励劳动者继续积极工作而向劳动者支付附条件的具有经济性福利的薪酬。虽然其授予时不属于劳动法强调的以法定货币形式支付,但由于其股权激励价格大幅低于股票市场价格,劳动者行权时,必然会为劳动者带来差价的收益,这部分的收益是可以以法定货币形式得以实现。基于上述分析,本案中文某获得授予的限制性股票应当属于薪酬组成部分,文某因其限制性股票被回购注销引起的纠纷,具有劳动者接受用人单位管理、约束和激励的劳动关系典型特征,明显不同于平等民事主体之间的普通民事合同纠纷。原审认定文某诉请B深圳公司、B股份公司赔偿限制性股票损失属于劳动争议范畴符合劳动法律规定,本院予以维持。

规则二,劳动关系中的报酬是一个组合概念,既包括工资、奖金,也包括福利计划和股权激励等物质激励,如劳动关系是股权激励存在的前提则属于劳动纠纷。

以上海金融法院2019年的一个案件为例:

上海金融法院认为:案涉"定存优惠方案"的内容与特定员工在S公司处的工作时间长短挂钩,实为S公司从企业自身发展角度出发,为吸引人才和稳定队伍而推出的物质激励措施。S公司认为案涉"定存优惠方案"属于股份认购,但其所陈述的方案内容系员工工作满一定期限后可以获得附着于相应存单之上的金钱收益,并不符合股份认购的法律特征。且无论案涉"定存优惠方案"是否属于股权激励,劳动关系均是其存在的前提,而劳动关系中的报酬是一个组合概念,既包括工资、奖金,也包括福利计划和股权激励等物质激励。因此案涉"定存优惠方案"应当属于劳动法律关系规范的范畴。S 公司与其起诉人员之间因"定存优惠方案"而发生的纠纷属于劳动纠纷,应先向劳动争议仲裁委员会申请仲裁,未经仲裁前置不得向法院提起诉讼。

规则三,入职股权、激励股权、股权红利等内容约定的皆系一定价值的"现金股份",此与《公司法》范畴内股东享有的股权并非同一事项,该奖励系公司给予劳动者的一种特殊劳动报酬,属于劳动争议的范畴而非公司股权争议的范畴。

以上海市第一中级人民法院 2018 年的一个案件为例:

> 一审法院上海市浦东新区人民法院认为:从录用通知书中载明的内容来看,有关激励股份等约定与股东所持有并经过相关部门登记的股份不同,李某所享有的是向 Z 公司主张虚拟股权所对应的现金价值奖励,该约定实质上系 Z 公司基于李某作为劳动者的身份而给予的一种特殊劳动报酬,该约定与劳动者的身份以及劳动关系的履行密不可分,故现李某基于此要求 Z 公司按照录用通知书的约定履行义务属于劳动争议案件处理范围。

> 上海市第一中级人民法院认为:Z 公司从未将相应的股权交付于李某并登记于公司股东名册。双方就入职股权、激励股权、股权红利等内容约定的皆系一定价值的"现金股份",此与《公司法》范畴内股东享有的股权并非同一事项。正如原审所认定的那样李某享有的仅系向 Z 公司主张虚拟股权所对应的现金价值奖励,该奖励系 Z 公司给予李某作为劳动者的一种特殊劳动报酬,故其显然属于劳动争议的范畴而非公司股权争议的范畴。

规则四，员工获得激励股权，但仅享有对所有者权益增值部分的分红权利，不享有重大决策参与权、管理者选择权等权利，也不得出售或转让股权，不属于《公司法》规定的股东，该分红奖励基于双方的劳动关系产生，属劳动争议。

以广东省广州市中级人民法院 2018 年的一个案件为例：

广州市中级人民法院认为：被上诉人基于工作表现及上诉人《公司股权激励制度》的规定获得激励股权，但仅享有对所有者权益增值部分的分红权利，不享有重大决策参与权、管理者选择权等权利，也不得出售或转让股权，故不属于《公司法》规定的股东。上诉人的《公司股权激励制度》载明案涉分红款用于激励对公司有贡献的员工，同时对分红款的履行及竞业禁止、商业秘密保护等违约责任进行了约定。上诉人在实际操作中系根据被上诉人的工作考核情况计付具体分红款数额。该分红奖励基于双方的劳动关系产生。故上诉人以被上诉人违反公司股权激励制度侵害公司合法权益为由，要求被上诉人退还分红款项并赔偿损失，系双方当事人在履行劳动关系过程中产生的权利义务纠纷，属劳动争议，应当先经仲裁前置程序。现上诉人未经劳动争议仲裁前置程序向人民法院提起民事诉讼，与《劳动法》关于劳动争议先行仲裁的规定相悖。

二、认定为普通商事合同

规则一，股票期权涉及的财产性收益并非员工的工资、奖金、福利等劳动报酬，股票期权授予合同中双方构建的权利义务不属于劳动合同中的权利义务,双方就股票期权激励所签订的股票期权授予合同应属平等主体之间的普通商事合同。

以浙江省高级人民法院 2016 年的一个案件为例:

　　一审法院浙江省杭州市中级人民法院认为:一、当事人就股票期权授予合同建立的法律关系。股票期权激励制度是一种现代公司治理制度。在实行股票期权激励制度的公司,公司与员工之间通过签订相关协议,由公司授予员工在将来一定期限内以预先确定的价格和条件价格购买公司股权的资格作为财产性激励,旨在促使公司、员工之间建立以拥有业绩收益分享权为基础的激励机制,将被激励对象的利益与公司的效益相挂钩,组成利益共同体,促使被激励对象如同对待自己利益一样对待公司利益,从而为公司贡献个人最大价值。具体到本案而言,付某任职的 T 软件公司属于 A 集团公司旗下公司,A 集团公司对关联公司的员工进行股票期权激励,与通常意义上的股票期权激励相比,只存在主体关联性方面的差异,虽然构建模式不同,但核心目标和性质仍相同。

　　首先,股票期权涉及的财产性收益并非员工的工资、奖金、福利等劳动报酬。付某作为员工,通过提供劳动从用人单位 T 软件公司已获得劳动报酬。A 集团公司为换取付某对 T 软件公司和 A 集团公司的积极性和忠诚度,对付某进行股票期权激励,是在付某履行正常劳动义务之外负担上述义务给予的合同对价。股票期权带来的财产性收益不属于劳动报酬。

　　其次,股票期权授予合同中双方构建的权利义务不属于劳动合同中的权利义务。虽然 A 集团公司向付某提供股票期权激励的原因在于付某与旗下 T 软件公司存在劳动关系,从股票期权激励构建模式角度，A 集团公司取代了 T 软件公司的用人单位地位，但 A 集团公司和付某双方在股票期权激励中设定的权利义务，不是用人单位或者关联公司在《劳动法》上的法定权利义务，也非劳动者争取劳动机会、行使劳动权利中设定的权利义务，不属于劳动合同中的权利义务。

再次，双方就股票期权激励所签订的股票期权授予合同应属平等主体之间的普通商事合同。第一，付某与 A 集团公司关联企业的劳动关系，是 A 集团公司作为要约发出者对要约对象的选择条件，这种对要约对象的限制，并不当然导致签约双方合同地位不对等。第二，从合同的签订及履行过程看，付某既可以对授予的股票期权选择接受或者不接受，在接受之后行权截止日前还可以选择购买或者不购买，付某作为受要约人作出意思表示并未受到与身份有关的限制。第三，从合同约定的权利义务内容看，A 集团公司以优惠的价格授予股票给予付某财产性激励，付某向 A 集团公司及其任职公司履行忠诚义务，是股票期权激励中的双方权利义务的核心内容，是对等的。

综上，付某和 A 集团公司之间通过《A 集团公司 2005 年股份激励计划》《A 集团公司 2005 年股份激励计划授予通知》《A 集团公司 2007 年股份激励计划》《A 集团公司 2007 年股份激励计划授予通知》，分别订立了三份股票期权授予合同。这些合同属于平等民事主体之间设立、变更、终止民事权利义务关系的协议。由此产生的纠纷属于合同纠纷，应适用调整平等民事主体之间合同关系的法律法规。故本院根据合同性质以及双方争议的内容，确定本案案由为合同纠纷。

二审法院维持原判。

规则二,股权争议一般不宜作为劳动争议案件处理。用人单位为吸引高管入职,有时会给予相应的股权期权作为激励,但是股权本身既不属于劳动报酬,也不属于福利待遇。《劳动争议调解仲裁法》对劳动争议受案范围有明确规定,并不包含股权。

以《上海市第一中级人民法院涉高管劳动争议案件审判白皮书》(2021年4月)中的一个案例为例:

郑某2015年12月3日入职G公司,任人力资源总监,双方劳动合同中明确:郑某将获得公司授予的股票期权激励,公司将在未来几个月与某律师事务所合作,定义员工股票期权计划,包括执行价格、归属期、股票评估办法等。2016年12月13日,G公司首席执行官通过邮件向郑某发送《员工股票期权计划》一份,通知将授予郑某G公司截至2016年12月13日的股票期权,并写明了期权数量、授予期限、行使价格、行权/届满期限等。若达到行权条件不能支付,则将向郑某支付100万元。2016年12月14日,G公司首席执行官找郑某谈话,希望郑某同意将《员工股票期权计划》截止日从2016年12月13日延长至2016年12月31日,郑某表示拒绝。2016年12月16日,郑某向首席执行官发送电子邮件,要求G公司向其支付未按时发放股票期权的赔偿金100万元。2016年12月26日,G公司以郑某在职期间严重违纪为由,解除郑某劳动合同。2017年1月10日,郑某申请仲裁,要求G公司恢复劳动关系并支付公司股票期权补偿金100万元等。仲裁对郑某的请求未支持。

一审法院认为,本案争议焦点在于,该项期权发放计划是否因违反诚信原则而无效。首先，劳动合同中确实未对股票期权的授予数量进行约定，郑某的主张缺乏相应合同依据。其次，从股票期权的设立目的看，公司赋予高管在某约定时期内以约定的认股价格购买一定数量股票的权利，旨在提高雇员的责任感，激励雇员实现工作目标，长期稳定地为公司提供服务。本案中，因双方的劳动关系已不再存续，且解除原因为郑某严重违纪，在此情况下，G公司的行为难以认为违反了诚信原则。基于上述理由，对郑某关于股权的诉请不予支持。

上海一中院认为，郑某诉讼请求判令G公司支付郑某未付期权的惩罚补偿100万元，该请求系基于双方对于股票期权约定引起的争议，本案股权情形不属于劳动争议案件处理范围，应当不予处理。一审判决对此项请求作出实体处理，有所不妥，上海一中院对此予以更正，对该项诉请不予处理，郑某有权依法另案提起诉讼。

用人单位为吸引高管入职，有时会给予相应的股权期权作为激励，但是股权本身既不属于劳动报酬也不属于福利待遇。《劳动争议调解仲裁法》对劳动争议受案范围有明确规定，并不包含股权，且上述纠纷涉及股权激励约定效力如何认定、授予股票或者股票期权的主体是否适格、行权条件如何成就等问题，专业性较强，有专门的《公司法》《证券法》等加以调整，一般不宜作为劳动争议案件处理，高管有权依法另行救济。